Vírgenes

devoción y culto

Noemí Marcos Alba

LIBSA

© 2024, Editorial LIBSA
C/ Puerto de Navacerrada, 88
28935 Móstoles (Madrid)
Tel. (34) 91 657 25 80
e-mail: libsa@libsa.es
www.libsa.es

ISBN: 978-84-662-4320-9

COLABORACIÓN EN TEXTOS: Noemí Marcos Alba
EDICIÓN: equipo editorial LIBSA
DISEÑO DE CUBIERTA: equipo de diseño LIBSA
MAQUETACIÓN: Pilar Bermejo y equipo de maquetación LIBSA
DOCUMENTACIÓN Y FOTOGRAFÍAS: archivo LIBSA

PRESENTACIÓN

Conocer a María es una bella tarea que implica varios aspectos. Una persona se puede acercar a ella desde la fe y la oración porque descubrirá la dimensión de su misericordia y ternura inmensas. También se pueden iniciar estudios teológicos sobre su figura, los textos bíblicos y los dogmas marianos de la Iglesia. Y finalmente, para completar su estudio están los datos de su vida que, aunque son pocos en comparación con los que conocemos de Jesús, sirven para comprender toda su figura en toda su dimensión humana y santa.

En este volumen hemos querido acercarnos a la figura de la Virgen María por medio de un conocimiento amplio de su vida a través de los momentos más destacados. Episodios como su nacimiento, su estancia en el Templo, su matrimonio, su maternidad, la muerte de Jesús, su coronación en el cielo… Tras este análisis de su vida, hemos tratado el tema de sus atributos y el simbolismo que encierran: el color de su manto, su tipo de ropa, su corona de estrellas, la serpiente bajo sus pies, el niño en el regazo, etc.

Y finalmente, se repasan la vida y milagros de las Vírgenes de muchos lugares: Lourdes, Fátima, Rocío, Carmen, Kazán, Asunción de Hostyn, Lavang y Guadalupe, entre otras muchas. Más de 60 advocaciones marianas son analizadas e ilustradas para que sus vidas sirvan de ejemplo a los creyentes. Además, en cada una de ellas se ha incluido una oración.

El Señor, por obra y gracia del Espíritu Santo, engendró en el cuerpo de María a Jesús de Nazaret, el Mesías anunciado por los profetas. Ella ha acudido en múltiples ocasiones en ayuda de sus hijos, presentándose milagrosamente bajo diferentes títulos o advocaciones.

La Virgen María es una figura central en la fe cristiana. No solo por haber engendrado en su vientre a Jesús, el Salvador, sino por múltiples razones entre las cuales caben citar su inmaculada concepción, el haber sido modelo de humildad, sacrificio y amor a Dios, y por haber padecido los dolores y la muerte de su Hijo, hecho por el cual se la considera corredentora.

Uno de los dogmas del catolicismo enseña que fue concebida sin pecado original, aunque sí con la concurrencia de su padre; es decir, no necesitó el agua bautismal para lavar la mancha que traen todos los hijos de Eva. Eso la distinguió como Madre del Mesías.

Aunque durante dos mil años ha sido representada con pinturas, grabados y esculturas, no se conocen con certeza los rasgos que, en vida, tuvo Nuestra Señora ya que las primeras pinturas que de ella se conservan datan del siglo II d.c. No obstante, según las múltiples apariciones que se han sucedido en todo el mundo y las diversas descripciones que de Ella han hecho los videntes que han podido verla, en distintas ocasiones ha adoptado los rasgos propios de la raza predominante en el lugar. Así, algunos la han visto con una tez blanquísima y de cabello más bien rubio, mientras que para otros tenía la piel morena y cabellos oscuros. En lo que todos han coincidido es en su increíble belleza, en la paz y la bondad que transmite, y la fuerza y la devoción que promueve.

Otra peculiaridad son las llamadas Vírgenes negras, cuya tez oscura ha desplegado alrededor de ellas un halo de misterio, sobre todo en la Europa de la Edad Media. Después viajaron al continente americano para establecerse en diversos lugares. En muchas ocasiones estas Vírgenes han sido relacionadas con los lugares donde estaban ubicadas, como criptas y grutas, es decir, sitios oscuros. Y muchas de ellas están relacionadas con la fecundidad, la fertilidad y son dadoras de vida.

Existen diversas teorías sobre el origen de estas imágenes marianas; no todos los estudiosos del tema apoyan todas las teorías, pero conviene conocerlas:

- **HUMO DE LAS VELAS.** Se trata de una teoría, que en otra época fue muy generalizada: el humo de las velas que estaban colocadas a los pies de las Vírgenes fue ennegreciendo su rostro. Pero la duda está ahí: ¿por qué solo se oscurece el rostro y no el resto de la figura policromada?

- **OXIDACIÓN DE LA PLATA.** Según esta teoría centenares de Vírgenes fueron recubiertas de plata que se fue oscureciendo, pero son muchos los estudiosos que también la rechazan.

- **VÍRGENES DE LOS TEMPLARIOS.** No todo el mundo apoya esta teoría que presupone que estas Vírgenes de tez oscura fueron creadas por los caballeros de la Orden del Temple.

- **DIOSA DE LA TIERRA.** Según estudiosos como Jean Huynen, «generalmente se admite que las Vírgenes negras fueron la versión cristianizada de un culto antiguo, anterior al cristianismo, por supuesto céltico pero quizás mucho más antiguo. Por mí mismo, he llegado a esa certidumbre cada vez que he examinado y he estudiado una de esas estatuas (…) Bajo diversas formas, a veces romanizadas, se adoraba en ellas a una divinidad femenina, una especie de diosa-madre, de tierra-madre, o a una Diosa-Tierra. A veces una de las advocaciones que designaba su representación sobrevivió y permaneció asociada a la Virgen negra, como en Chartres o en Longpont, *Virgo Paritura*, la Virgen que debe dar a luz».

Algunas Vírgenes negras son: la Virgen de Guadalupe de Extremadura (España), la Virgen de Lluc de Mallorca (España), la Virgen de Montserrat de Cataluña (España), Nuestra Señora de Montserrate de Puerto Rico, la Madonna di Crea en Piamonte (Italia) y la escultura de la Virgen de Czestochowska (Polonia).

El contenido de este
LIBRO

Como ya se ha explicado al inicio, en este volumen se han incluido aspectos de la vida de María, así como la descripción e imágenes de decenas de Vírgenes de todo el mundo que son veneradas con mucha fe por los feligreses. Estos son los pasajes que se han incluido:

Natividad • María Niña y presentación en el Templo • Desposorio con san José • Anunciación• Visita a Isabel• Nacimiento de Jesús y adoración • Sagrada Familia • Purificación • Huida a Egipto • Jesús en el Calvario • La Piedad • Aparición de Jesús a la Virgen • Muerte de la Virgen • Ascensión de la Virgen • Coronación • El manto de la Virgen • La Virgen con el Niño • La naturaleza en la representación mariana • Otros elementos simbólicos • El Santo Rosario

Fechas clave en el culto de la
VIRGEN

En la tradición católica el culto a la Virgen se centra en las fechas clave de su biografía, por eso se repiten las conmemoraciones ciertos días del calendario, aunque las advocaciones puedan recordar la aparición en otra fecha diferente.

15 de agosto: muerte, tránsito, dormición o asunción de la Virgen
8 de septiembre: nacimiento o natividad de la Virgen
21 de noviembre: presentación de la Virgen en el Templo
8 de diciembre: concepción inmaculada de la Virgen
25 de diciembre: natividad de Jesús

La Natividad de María

Los documentos que más datos aportan con relación a los padres y a la infancia de la Virgen María son los textos apócrifos conocidos como Protoevangelio de Santiago y el documento denominado «De Nativit. Mariae». Según el Protoevangelio, el matrimonio formado por Ana (Hanna) y Joaquín (nombrado en ocasiones como Heli o Heliachim) vivía en la ciudad de Nazaret y ambos eran descendientes de David. A pesar de su avanzada edad, no tenían hijos. Parece ser que Joaquín poseía rebaños de ovejas y vivían de ese trabajo.

Con ocasión de una de las festividades celebradas en el templo, Joaquín se acercó con objeto de ofrecer allí un sacrificio tal y como lo prescribía la ley. Al llegar, un hombre, al que Santiago da el nombre de Rubén, lo echó alegando que los varones sin descendencia eran indignos de ser admitidos en tan santo lugar.

Humillado públicamente y profundamente triste, en vez de volver a su casa el buen hombre se dirigió al monte para hablar con Dios y buscar consuelo en la soledad. Mientras tanto, su mujer, Ana, enterada ya de lo acontecido en el templo y viendo que su marido no llegaba, rogó a Dios que le quitara la maldición de la esterilidad y prometió dedicar a su servicio el hijo que Él tuviera la gracia de concederle.

Tras sus súplicas, vio aparecer un ángel que le dijo: «Ana, el Señor ha visto tus lágrimas; concebirás y darás a luz, y el fruto de tu seno será bendecido por todo el mundo».

No hay datos que permitan asegurar a ciencia cierta el lugar de nacimiento de María, ocurrido poco antes del comienzo de nuestra era; al respecto se citan tres localidades: para algunos nació en Belén; para otros, en Seforis, un pueblo distante

unas tres millas del anterior, y para diversos estudiosos en Jerusalén, considerándose esta como la teoría más probable.

El nombre de María puede proceder del hebreo Maryam. Según otros estudiosos, su nombre significa «manantial de poesía», mientras que algunos se decantan por este significado: «lugar alto donde Dios habita». La festividad de la Natividad de la Virgen María se estableció el 8 de septiembre, que es la fecha de inicio del año litúrgico bizantino.

Ya a principios del siglo VIII, un 8 de septiembre, San Juan Damasceno pronunció una homilía en la basílica de Santa Ana en Jerusalén en la que dijo: «¡Pueblos todos, hombres de cualquier raza y lugar, de cualquier época y condición, celebremos con alegría la fiesta natalicia del gozo de todo el Universo. Tenemos razones muy válidas para honrar el nacimiento de la Madre de Dios, por medio de la cual todo el género humano ha sido restaurado y la tristeza de la primera madre, Eva, se ha transformado en gozo. Esta escuchó la sentencia divina: parirás con dolor. A María, por el contrario, se le dijo: "¡Alégrate, llena de Gracia!"».

«¡Alégrate, llena de Gracia!»

LA FESTIVIDAD DE LA NATIVIDAD DE LA VIRGEN MARÍA
SE ESTABLECIÓ EL 8 DE SEPTIEMBRE

11

María niña y presentación en el Templo

Cuando tenía tres años de edad, María fue presentada en el templo por sus padres, siguiendo la tradición judía y, según algunos autores, fue entonces cuando hizo su voto de virginidad. El acto de presentación en el Templo implica una carga espiritual enorme. También según algunos escritos apócrifos, María permaneció allí para estudiar con otros niños judíos y, desde pequeña, recibió la visita de los ángeles y tuvo numerosas visiones. La primera vez que llegó con sus padres a las gradas del Templo para ser presentada al sacerdote, María las besó mientras adoraba a Dios.

Según los teólogos, María permaneció en el Templo unos 12 años, durante los cuales fue una niña con muchas virtudes y un gran fervor. Hay quien incluso afirma que a su llegada a este lugar los ángeles colocaron flores del Paraíso a sus pies y entonaron cánticos. También sabemos que la inteligencia de María no se correspondía con la de otras niñas de su edad. Sin embargo, ella siempre se sintió indigna ante el papel encomendado para la futura Madre del Mesías.

La vida en el Templo también tenía sus pequeños momentos de relajación. De vez en cuando Ana y Joaquín acudían a visitar a su hija, a la que querían mucho. Ana le llevaba alguna túnica que había cosido para ella, a veces de color blanco o bien del color de los jacintos.

¡Oh Dios!, que quisiste que en este día fuese presentada al Templo
la Santísima Virgen María, morada que era del Espíritu Santo;
te suplicamos, por tu intercesión, que nos concedas la gracia
de merecer ser presentados en el Templo de tu Gloria.

La presentación de la Virgen María en el Templo es celebrada por la Iglesia católica el 21 de noviembre

Desposorio con San José

Cuando entró en la adolescencia, el Sumo Sacerdote decidió enviarla a casa de sus padres a fin de que contrajera matrimonio, pero ella le recordó su voto de virginidad. El sacerdote, a su vez, rogó a Dios que le iluminase en tan difícil decisión y, tras ello, convocó a todos los jóvenes de la localidad que procedieran de la estirpe de David diciendo que aquel cuya vara floreciera sería el esposo de María. Tal honor recayó en un carpintero llamado José.

No obstante, la afirmación de la permanencia de María en el Templo no es unánime; algunos autores aseguran que vivió en la casa paterna hasta el momento de contraer matrimonio con José. En aquella época las familias judías concertaban las uniones de sus hijos; una vez escogidos los candidatos, primero se celebraban los esponsales, que garantizaban la pertenencia de la muchacha al novio y al año se celebraba la boda, tras la cual la joven empezaba a vivir junto a su esposo.

María cumplió con lo que sus padres habían acordado con los de José, con la absoluta confianza de que el Señor le ayudaría a mantener su voto de virginidad aún estando casada, tal y como sucedió.

¿Fue un desposorio auténtico? Santo Tomás explica por qué sí se realizó el desposorio de María y José: si no se hubiera llevado a cabo, siguiendo las leyes del momento, María hubiera sido lapidada por tener un hijo fuera del matrimonio; y además, dicho matrimonio también respaldaba a Cristo, que no sería hijo de soltera y así los infieles no podrían alegar este hecho para atacarle y rechazarle. Por lo tanto, no hay duda sobre si realmente este matrimonio se llevó a cabo siguiendo la costumbre de la época en la que vivieron José y María. En muchos cuadros se representa a José como un viejo, pero muchos teólogos opinan que no debió ser así porque entonces hubiesen surgido muchos comentarios sobre dicho matrimonio.

Anunciación

Concluida la ceremonia de esponsales, pero antes del día fijado para la celebración del matrimonio, se presentó ante María el Arcángel Gabriel para pedirle que, por la gracia del Espíritu Santo, fuera la Madre del Verbo. Sus palabras, según el Evangelio de San Lucas, fueron: «No temas, María, porque has hallado Gracia delante de Dios, vas a concebir en el seno y vas a dar a luz un hijo, a quien pondrás por nombre Jesús. El será grande y será llamado Hijo del Altísimo». A esto María respondió: «He aquí la esclava del Señor; hágase en mí según Tu palabra».

Este acontecimiento es recordado por los cristianos al mediodía, con el rezo del Ángelus, una oración de origen franciscano que alterna las frases que describen el acontecimiento y las palabras de la Virgen con el rezo del Avemaría:

> Y el ángel del Señor anunció a María,
> Y concibió por obra y gracia del Espíritu Santo.[...]
> He aquí la esclava del Señor,
> Hágase en mí según Tu palabra.[...]
> Y el Verbo se hizo carne
> Y habitó entre nosotros.[...]
> Ruega por nosotros, santa Madre de Dios,
> para que seamos dignos de alcanzar las promesas de Cristo.

> Oremos: Derrama, Señor, tu Gracia sobre nosotros, que, por el anuncio del Ángel, hemos conocido la encarnación de tu Hijo, para que lleguemos, por su pasión y su cruz, a la gloria de la resurrección. Por Jesucristo, nuestro Señor. Amén.

Tras esta noticia, el Arcángel Gabriel dijo a María: «Isabel, tu parienta, también ha concebido un hijo en su vejez, y este ya es el mes sexto de la que era estéril».

Visita a Isabel

Para compartir la alegría con su prima, María se dirigió a la casa de campo en la que esta vivía. Isabel le dijo: «¡Bendita Tú entre las mujeres y bendito el fruto de tu vientre!». La respuesta de la Virgen es un canto de alabanza denominado Magníficat.

Tras permanecer en casa de su prima unos tres meses, María volvió a la propia con la intención de contraer matrimonio con José, estando ya en el tercer mes de embarazo. El Evangelio de San Marcos cuenta que este, hombre justo y piadoso, al ver que su mujer estaba esperando un niño que no era de él, sin tener aún conocimiento del milagro, sintió un hondo dolor. Según la tradición, hubiera podido denunciarla, pero decidió repudiarla en secreto.

Mientras reflexionaba sobre el tema, se le apareció en sueños un ángel que le dijo: «José, hijo de David, no temas recibir en casa a María, tu esposa, pues lo concebido en ella es obra del Espíritu Santo. Dará a luz un hijo, a quien pondrás por nombre Jesús porque salvará a su pueblo de sus pecados».

Al poco tiempo de esta revelación, José contrajo matrimonio con María. No hay documentos que puedan atestiguar qué edad tenía en ese momento, pero dado que las muchachas judías se convertían en casaderas a los 12 años, lo más probable es que tuviera, a lo sumo, unos 14 años.

Para recordar la visita de María a Isabel y la posibilidad de la maternidad imposible gracias a la fe en Dios, tenemos la oración del Magníficat (Lc 1, 46-55):

«Proclama mi alma la grandeza del Señor,
se alegra mi espíritu en Dios, mi salvador;
porque ha mirado la humillación
de su esclava [...]».

Nacimiento de Jesús y adoración

Según el Evangelio de Lucas, tras vivir un tiempo en Nazaret, María y José se trasladaron a Belén. En esa época, Galilea y las zonas circundantes estaban bajo el dominio de Roma y el César Augusto había ordenado un empadronamiento general con el fin de recabar impuestos. José tenía que presentarse en Belén y, probablemente, también María, por ser mujer mayor de 12 años. El viaje debió ser muy duro porque era invierno y, sobre todo, dado que a María le faltaba muy poco tiempo para dar a luz.

Cuando llegaron a Belén tuvieron que hacer frente a un nuevo problema: debido a la afluencia de extranjeros que iban desde los pueblos del entorno a empadronarse, no encontraron lugar en ninguna posada, de modo que tuvieron que alojarse en una gruta que los campesinos del lugar utilizaban como refugio para animales. El 25 de diciembre, por la noche, nació Jesús. Son muchos los teólogos que afirman que, al haber nacido sin pecado original, María no tuvo que pasar por los dolores del parto.

La primera manifestación de que Jesús es el Salvador fue la adoración que los pastores del lugar le rindieron. La figura del pastor es elegida por Dios para simbolizar a todos los hombres de buena voluntad. Los pastores no fueron los únicos en adorar a Jesús en Belén. En este caso los Magos de Oriente simbolizan a los hombres sabios y poderosos. Algunos teólogos prefieren decantarse por esta otra idea: los pastores son el pueblo de Israel, mientras que los Magos de Oriente son los paganos, que también se rinden ante el Niño Salvador. En cuanto a la estrella que se veía en el firmamento, en la Liturgia de las Horas se afirma que María es esa estrella que nos guía:

La estrella parada está, con que del sol muestras da;
otra tenéis que os guía, pues habéis visto a María: no busquéis estrellas ya.

La festividad
de la Natividad de Jesús
se celebra el 25 de
diciembre

Sagrada familia

La familia formada por José, María y Jesús tiene una evidente relación creada por los anillos de la carne y la sangre. Incluso los conflictos del día a día al principio están en este nivel. De hecho, José tiene dudas y quiere saber y preguntar, pero también comprende que no debe presionar a su esposa, la cual ha escogido el camino de la santidad y prefiere mantenerse en silencio ante su esposo. Para cualquier persona sería difícil comprender un hecho de esta categoría: «Desposada María con José, antes de cohabitar juntos, ella se encontró que esperaba un hijo por obra del Espíritu Santo» (Mt 1, 18). Sin embargo, María es considerada por la Iglesia católica como una mujer libre que fue eligiendo los pasos que daba en la vida, pero siempre ayudada y protegida por José.

Pero para María y su hijo Jesús la familia tiene un significado más mesiánico y universal. «Quienes cumplan la voluntad de Dios, esos son mi hermano, mi hermana y mi madre» (Mt 12, 47-50), comenta Jesús que, aunque necesita a su familia carnal, decide abandonarla para formar la nueva familia de los hijos de Dios recorriendo los caminos y calles. Estos hijos de Dios «no nacen de la carne y sangre, sino de Dios» (Jn 1, 13). A la Sagrada Familia se le reza de muchas maneras y una es esta:

Señor Jesucristo, quien con María y José consagraste la vida doméstica con tus inefables virtudes, concede que nosotros, con la asistencia de los dos, podamos aprender con el ejemplo de la Sagrada Familia y podamos atender a su eterna fraternidad. Por quien vive y reina por los siglos de los siglos. Amén.

Presentación de Jesús en el Templo y purificación de María

Siguiendo la tradición judía, pasados 40 días del nacimiento de su Hijo María se presentó con Él en el Templo para ser legalmente purificada; si se trataba de una niña, los padres debían acudir con el bebé 80 días después de su nacimiento. Si las mujeres no realizaban este acto por el cual se libraban de la impureza legal, tenían prohibido entrar en los sitios sagrados dedicados al culto. Además, el varón primogénito debía ser presentado al Señor ofreciéndose un sacrificio animal. Dada la extrema pobreza del matrimonio formado por María y José, llevaron dos pichones, mientras que otras familias adineradas ofrecían un cordero.

Este acto de presentación en el Templo sirve para comprobar las virtudes de María: es humilde porque, a pesar de ser la Madre de Dios, se somete a la ley imperante; es obediente porque acude al Templo con sumisión y docilidad, sin darse ninguna importancia; es pura porque, aunque no tiene pecado original, María acude al Templo para que le sea otorgada la pureza; y también tiene la virtud de la pobreza, ya que acude al lugar sagrado con dos simples palomas, a pesar de que Jesús es el Hijo de Dios y viene a salvar el mundo.

Tras acabar los rituales, San Simeón, que estaba presente en el Templo, tomó al niño en brazos y, tras recitarle alabanzas y bendiciones, dijo a María: «Este niño va a ser motivo de que muchos caigan o se levanten en Israel. Será signo de contradicción. Y a ti una espada te atravesará el corazón» (Lc 2, 34-35). Este constituye uno de los Siete Dolores de la Virgen.

Huida a Egipto

Tras la presentación del Niño en el Templo, la Sagrada Familia volvió a su casa de Nazaret, donde fue visitado por los Reyes Magos, que se postraron en presencia de Jesús, al que consideraron Rey de los Judíos, y le ofrendaron oro, como símbolo de realeza; incienso, que representa la gratitud hacia la divinidad así como el reconocimiento de la misma, y mirra, símbolo de humillación ante Dios.

Habiéndose enterado Herodes que un niño había sido agasajado por los Reyes de Oriente como el Dios de Israel, mandó matar a todos los infantes menores de dos años que habitaran en Galilea. Sin embargo, un ángel se le apareció en sueños a José, el padre de familia y responsable de la protección del grupo, y le dijo que huyera inmediatamente con María y el Niño.

Esa misma noche partieron hacia Egipto, donde habían emigrado otros judíos por las persecuciones políticas y donde podían obtener ayuda. La angustia que, como madre, debe de haber experimentado María ante la persecución de que era objeto su Hijo, constituye otro de los Siete Dolores de la Virgen. El viaje a Egipto no fue fácil. Tenían que caminar por la noche y ocultarse durante el día para evitar ser encontrados. Dormían donde podían, sobre el duro suelo, y la búsqueda de agua y sustento supuso una gran preocupación para José.

Y la vida en Egipto tampoco debió ser fácil porque eran otras costumbres y otra lengua, pero la fe permitió que pudieran aguantar el duro destierro. Estuvieron en Egipto unos dos años, hasta la muerte de Herodes. Entonces decidieron regresar a Nazaret. Fue en Nazaret donde Jesús creció e inició su andadura, mientras María guardaba silencio y vivía para que el amor del Salvador perviviera.

Jesús en el Calvario y Crucifixión

Poco se sabe de la vida de la Sagrada Familia antes de que Jesús tuviera 12 años, momento en el cual se perdió en el Templo. Luego, transcurren 18 años más hasta que Él comienza su vida pública. Según el Evangelio de Lucas, vivieron en Nazaret y Jesús «crecía en sabiduría y edad y gracia ante Dios y ante los hombres».

Otro suceso en el que María es descrita junto a su Hijo es en las bodas de Caná. En tal ocasión, al ver Ella que el vino de la boda estaba a punto de acabar, para salvar a los anfitriones del bochorno de no poder atender adecuadamente a los invitados, le comunicó a Jesús la situación: «No tienen vino». Entonces Él le respondió: «Mujer, ¿qué nos va a mí y a ti? No es aún llegada mi hora». No obstante, mandó a los siervos llenar las tinajas con agua y esta fue convertida en vino.

Como la pasión y la muerte tuvo lugar durante la Pascua judía, se da por hecho que la Virgen estuviera presente en Jerusalén para cumplir con sus deberes en el Templo. Allí encontró a su Hijo camino al Gólgota, cargando la cruz.

Algunos autores han sostenido que Ella se desmayó al ver el sufrimiento de su Hijo y en el siglo XV se localizó el lugar preciso donde sucedió este hecho. Es una de las estaciones del Camino de la Cruz y lleva por nombre Sancta María de Spasmo. Sin embargo, otros mariólogos dudan de esta afirmación sobre el desmayo de María camino del Calvario, dada la entereza que Ella mostró al pie de la cruz.

Cuando Jesús estaba en la cruz, auténtico trono de gracia y dolor, le dijo a Juan: «Aquí tienes a tu madre». María no solo se fue a vivir a partir de entonces con Juan, sino que se convirtió en la madre espiritual de todos los creyentes, que tienen en Ella un referente claro de la verdadera vida cristiana. Santa María del Calvario también es un referente para todas aquellas personas que sufren, como sufrió Ella aquel día, que permaneció a los pies de su Hijo Crucificado acompañándole en su dolor.

La Piedad y María en el sepulcro

La imagen de María a los pies de la cruz donde su Hijo sufre es una de las más terribles de su vida. Cuando su cuerpo es bajado de la cruz, Ella lo sostiene piadosamente y parece ofrecerlo a los creyentes. Ella no solo sufre por la muerte de su Hijo, sino también por la muerte espiritual de los hombres.

Según el Evangelio de Juan, esto es lo que sucedió: «19, 38 Después de esto, José de Arimatea, que era discípulo de Jesús (pero secretamente, por temor a los judíos), pidió autorización a Pilato para retirar el cuerpo de Jesús. Pilato se la concedió, y él fue a retirarlo. 19, 39 Fue también Nicodemo, el mismo que anteriormente había ido a verlo de noche, y trajo una mezcla de mirra y aloe, que pesaba unos treinta kilos. 19, 40 Tomaron entonces el cuerpo de Jesús y lo envolvieron con vendas, agregándole la mezcla de perfumes, según la costumbre de sepultar que tienen los judíos. 19, 41 En el lugar donde lo crucificaron había una huerta y en ella, una tumba nueva, en la que todavía nadie había sido sepultado. 19, 42 Como era para los judíos el día de la Preparación y el sepulcro estaba cerca, pusieron allí a Jesús».

Cuando Jesús reposa ya en el sepulcro, es el momento en el que María se siente en una profunda soledad. Si el camino hacia el Calvario no ha sido fácil, el de regreso a la ciudad tampoco lo es. En dicho recorrido van Juan y las mujeres que habían acompañado a Jesús en su sufrimiento, entre ellas María Magdalena. La Virgen María volvió a recorrer la vía dolorosa por la que su Hijo había pasado rodeado de tanto sufrimiento.

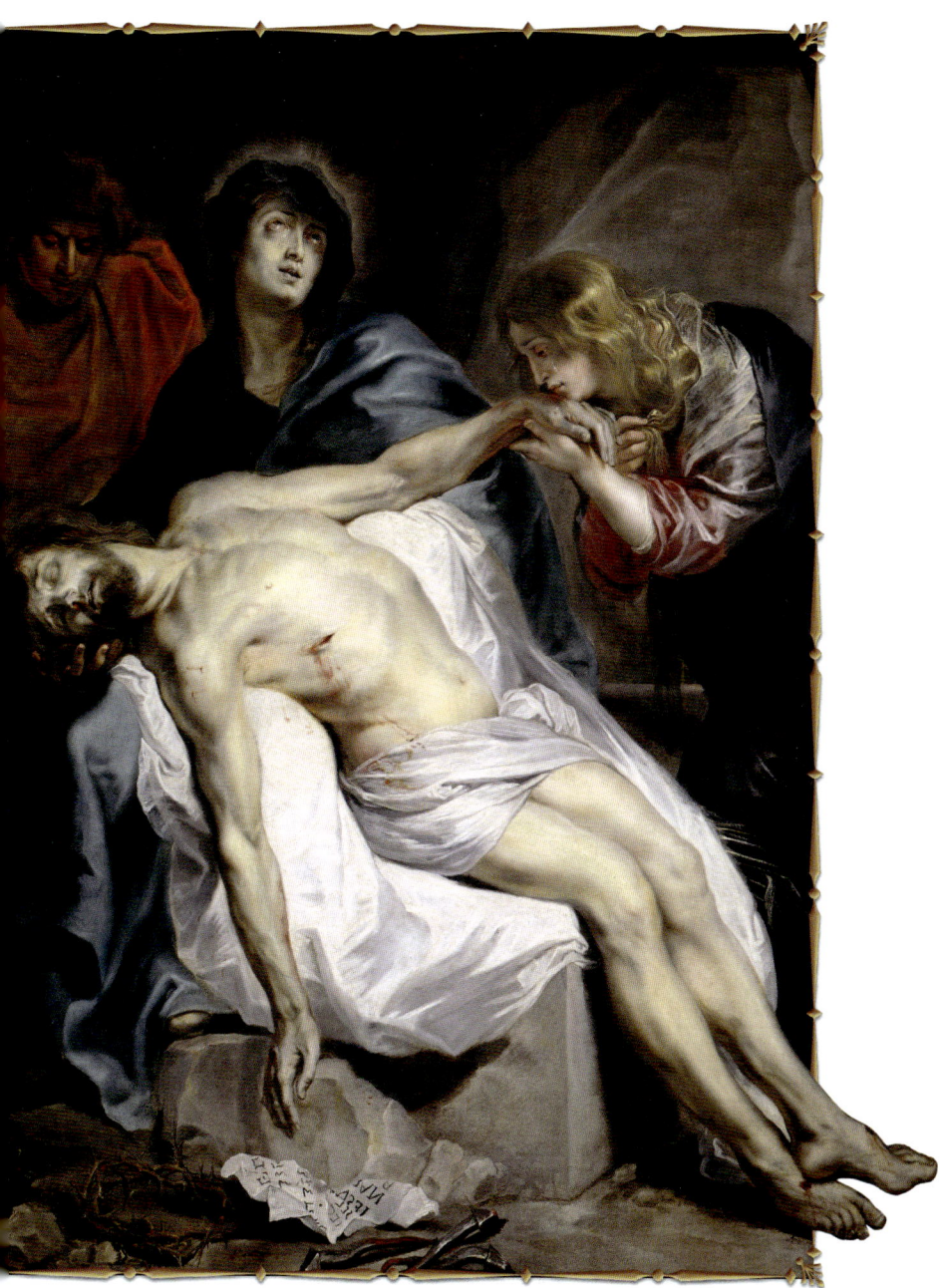

Aparición de Jesús a la Virgen

Tras el episodio del sepulcro, María permanece a solas en su casa durante tres días. Lo que destacan los textos bíblicos es su entereza gracias a la inmensa fe en Dios que siempre ha marcado su vida. Ella confía en la resurrección de Jesús y no duda en ningún momento que así será. Cuando este hecho se produce, primero Jesús acude a visitar a María porque como madre debió sufrir más que nadie.

Tampoco hay certeza de que presenciara la Ascensión del Señor a los cielos. En cambio, sí se sabe que estuviera presente y recibiera nuevamente al Espíritu Santo, al igual que los demás Apóstoles, el día de Pentecostés.

La resurrección de Cristo significa el triunfo sobre la muerte y el dolor. El domingo de Resurrección existen diversos rezos, entre ellos este:

¡Oh, Alto y Glorioso Dios!
Mi vida es como una vidriera
iluminada por tu Gracia multicolor.
Tú me has resucitado
con Cristo, el Señor,
[¡Aleluya!]
Mi vida está con Él
escondida en Ti, [...]
Has sellado tu Alianza
de amor y vida conmigo, [...]
Nada podrá separarme jamás de tu amor, [...]
Hazme testigo fiel
de la Resurrección del Señor Jesús, [...]
Padre, renueva en mí tu Alianza
con el fruto de tu Alegría.

Muerte o tránsito de la Virgen

Tras este acontecimiento de la crucifixión y la resurrección, lo más probable es que María haya vivido cerca de Jerusalén o en algún lugar próximo a Éfeso porque existe una tradición, sin confirmar, que afirma que fue enterrada allí. Aunque tampoco hay certeza respecto al momento de su muerte, varios autores apuntan a que sucedió en el año 48 d.C. Su vida posterior a la muerte de Jesús debió estar muy ligada a los Apóstoles, a quienes ayudó para que llevaran a cabo lo que su hijo había pedido, sin desfallecer y con una fe inquebrantable que les daba la fuerza necesaria. Recibida la fuerza del Espíritu Santo en Pentecostés, María se convierte en la gran fuerza que impulsa a los seguidores de Jesús. En ningún momento se interpuso en los actos de los Apóstoles, simplemente les daba la fuerza que Ella tenía.

Según enseña la Iglesia, no murió de enfermedad ni víctima de violencia externa, sino de amor. Por sus inmensas ganas de encontrarse nuevamente con su Hijo, Dios le concedió una muerte en paz. Cuando se acerca el momento de la muerte, es muy frecuente rezarle: «¡Oh María!, concebida sin mancha de pecado, rogad por nosotros que recurrimos a Vos. ¡Oh refugio de los pecadores, Madre de los agonizantes!, no nos abandonéis en la hora de nuestra muerte, sino alcanzadnos una perfecta contrición, sincera compunción, perdón de nuestros pecados, digna recepción del Santo Viático, y fortaleza por medio del Sacramento de la Extremaunción, a fin de que, confiados, podamos comparecer ante el trono del Supremo Juez, justo y misericordioso, nuestro Dios y Redentor».

La festividad de la muerte, tránsito, dormición o asunción de la Virgen se estableció el 15 de agosto

Ascensión o Asunción de la Virgen

Según la tradición que comienza con las enseñanzas de los Apóstoles sobre la vida de Jesús y que incluyen también a su Madre, la Asunción de la Virgen al cielo se produjo en un momento situado unos 15 años después de la resurrección.

El que fuera Obispo de Jerusalén, San Juvenal, en el Concilio de Calcedonia que tuvo lugar entre octubre y noviembre del año 451, declaró a quienes buscan el cuerpo de María que Ella murió rodeada de todos los Apóstoles y que, cuando con posterioridad su tumba fue abierta por petición de Santo Tomás, estaba vacía. De ahí la afirmación de que su cuerpo fuera llevado al cielo. Y en 1950 el Papa Pío XII estableció la definición dogmática de la Asunción de María. El Papa Pablo VI también hizo referencia a la Asunción de María, concretamente en la carta encíclica *Marialis cultus* donde explica cómo es esta celebración religiosa: «Es la fiesta del destino pleno, de la bienaventuranza y la glorificación del alma inmaculada de María y de su cuerpo virginal y de su perfecta configuración con Cristo resucitado (…)».

La vida de Nuestra Señora es un ejemplo de fortaleza basada en la fe en Nuestro Señor. En la casi totalidad de sus mensajes ha pedido que se difunda la oración. Muchas veces ha señalado las diversas calamidades que azotan al mundo por culpa de los hombres y ha anticipado épocas oscuras y difíciles.Como ya sabemos, cuando María y Juan estaban ante la cruz mientras Jesús agonizaba, este dijo a la Virgen: «Mujer, he ahí a tu hijo» y, dirigiéndose a Juan: «He ahí a tu madre». En estas palabras los doctores de la Iglesia interpretan que María es la madre de todos aquellos que siguen las enseñanzas de Jesús, de los buenos cristianos en los cuales vive Cristo. Y así como en el plano material somos los desdichados hijos de Eva, en el plano espiritual nuestra madre es María.

Coronación de la Virgen

María es la Madre y la Reina del Rey que gobierna la vida espiritual del mundo. Como buena Reina Madre, está cerca de su Hijo y le alienta, apoya y suplica, pero que nunca gobierna. Por eso los creyentes siempre le suplican la intercesión ante el Señor porque su poder en el cielo es inmenso y allí es donde fue coronada.

En la Salve, se reza a María, que es Reina y Madre:

Dios te salve, Reina y Madre de misericordia,
vida, dulzura y esperanza nuestra;
Dios te salve.
A ti clamamos los desterrados hijos de Eva:
A ti suspiramos, gimiendo y llorando,
en este valle de lágrimas […]

La fiesta de María Reina fue instituida por el Papa Pío XII: «Procuren todos acercarse ahora con mayor confianza que antes, todos cuantos recurren al trono de la Gracia y de la Misericordia de nuestra Reina y Madre, para pedir socorro en la adversidad, luz en las tinieblas, consuelo en el dolor y en el llanto, y, lo que más interesa, procuren liberarse de la esclavitud del pecado...».

Y para la festividad de María Reina, existe la siguiente oración: «Dios todopoderoso, que nos has dado como Madre y como Reina a la Madre de tu Unigénito, concédenos que, protegidos por su intercesión, alcancemos la Gloria de tus hijos en el reino de los cielos. Por Jesucristo, nuestro Señor. Amén».

El manto de la Virgen

Sorprende comprobar cuántos y cuán diferentes son los mantos que se le colocan a la Virgen María. Cualquier prenda que Ella vista tiene un significado y no está puesta por mero capricho. Conviene conocer el simbolismo de los colores de los mantos para saber más cosas sobre la figura a la que se reza y disfrutar mucho más de las bellas imágenes marianas que nos ha dejado el arte de todos los tiempos.

Los colores usados tanto en la religión como en el arte son muy importantes. En general, los colores están relacionados con los cuatro elementos básicos: el rojo con el fuego; el verde con el agua; el azul con el aire y el marrón con la tierra. Además de este significado básico, se puede entrever un simbolismo religioso evidente. En este sentido, el manto y la túnica de la Virgen pueden ser:

- **AMARILLO:** es raro ver vestida a la Virgen con este color porque suele representar la envidia.
- **AZUL:** es el color más utilizado para el manto de la Virgen porque simboliza la pureza y la inmaterialidad de lo espiritual. También es símbolo de la protección de María sobre todos sus hijos espirituales.
- **BLANCO:** es el color de la luz, la vida, el nacimiento y la eternidad. Es muy habitual que los ángeles se representen con este color. Para alcanzar el Reino de Dios el alma debe ser pura.
- **MARRÓN:** representa la humildad y significa que María es como la tierra arada porque ya está preparada para recibir la semilla que fructificará.
- **NEGRO:** es el color del duelo y la desesperanza. Es usado durante la Pasión y muerte de Jesús, en la Semana Santa.
- **ORO:** este color nos habla de la divinidad.
- **PÚRPURA:** desde épocas muy antiguas este color es aplicado a las más altas dignidades. Es habitual que la Virgen teja con hilo de este color la vestimenta que llevará el Salvador; se dice entonces que María teje la púrpura.

- **Rojo:** es el color del fuego, la sangre, el amor, la juventud y la belleza. El Espíritu Santo suele ser representado en este color. También se relaciona con los mártires, por la sangre derramada. Asimismo se relaciona con el altruismo, el sacrificio y el amor místico.
- **Verde:** representa a la naturaleza, la cual siempre se está renovando, por eso simboliza el amor naciente y la esperanza.

En muchas ocasiones los mantos están bordados. Los motivos más habituales son las flores que también aportan su significado a dicha prenda, no solo por el elemento floral en sí mismo, sino también por la tonalidad y el colorido escogidos. De esta manera, tenemos:

- **Bordados de rosas rojas:** este motivo con este color simbolizan el espíritu de sacrificio, tan representativo de la Virgen María a lo largo de toda su vida, desde su ingreso en el Templo cuando tan solo era una niña hasta sus lágrimas al pie de la cruz de su único hijo.
- **Bordados de rosas blancas:** el color y el motivo floral nos hablan de una simbología muy mística ya que se trata del espíritu de oración, que todo cristiano debe practicar durante su vida.
- **Bordados de rosas doradas:** en este caso la imagen mariana que lo tiene incluido en su manto está simbolizando el espíritu de penitencia.

En cuanto a otros elementos en su vestimenta, que no siempre son incluidos en sus representaciones, tenemos: las sandalias, que simbolizan la diligencia con la que los fieles han de obrar; y el cinturón, que es la obediencia a la Iglesia.

La Virgen con el Niño

La Virgen María es ante todo madre. Es la mujer escogida por Dios para ser la madre de su único Hijo. Y también es la madre espiritual de todos los creyentes católicos porque en Ella encuentran el consuelo que muchas veces necesitan. Es un modelo de fe y vida a seguir por todos los fieles.

En su papel de Madre de Jesús aparece muchas veces representada con Él cuando era Niño. Son muchas las imágenes de María como Madre que nos vienen a la mente. En algunos casos Ella tiene al Niño muy pequeño en brazos; en otras, la llamada Virgen de la Leche, realiza la función natural de alimentar a su bebé con la leche materna; en otras el Niño se incorpora en su regazo y parece moverse como lo haría cualquier otro niño; a veces el pequeño Jesús levanta sus dedos y bendice al creyente; en otras ocasiones aparece junto a Juan Bautista a los pies de la Virgen María.

El gran y mejor papel de María fue la maternidad del Salvador. Su maternidad es universal porque cuando se hace referencia al Niño, inevitablemente se piensa en María, y viceversa, María Madre existe junto al Niño. Pero aunque el Niño aparezca en actitudes típicas de su edad, muchas veces en Ella se adivina una sombra de tristeza porque sabe lo que le va a suceder a Jesús en el futuro.

Existe una gran devoción a la Virgen de la Dulce Espera, a la cual se le reza la siguiente oración:

María, madre del amor hermoso, dulce muchacha de Nazaret, tú que proclamaste la grandeza del Señor y, diciendo que «sí», te hiciste madre de nuestro Salvador y madre nuestra: atiende hoy las súplicas que te hago.

La naturaleza en la representación mariana

Si aparecen elementos en la representación de la Virgen, estos suelen proceder de la naturaleza. Cada uno de ellos tiene su propio significado que aporta al cuadro o escultura una dimensión simbólica que abarca aspectos religiosos y universales.

Las flores son el elemento natural más relacionado con María. Por ejemplo, cuando la Virgen y los Apóstoles acudieron al tercer día a la tumba de Jesús, la encontraron llena de lirios y rosas. Sin embargo, existen otros muchos elementos de la naturaleza que vale la pena analizar:

- **GOLONDRINA:** anuncia buenos presagios, por eso aparece en la Anunciación.
- **GRANADA:** si está en manos del Niño, representa la resurrección; si está en manos de la Madre, simboliza la castidad. Este fruto nos habla de otras muchas cosas: la plenitud espiritual, la fecundidad y el abundante sufrimiento de Cristo.
- **LIRIO:** para muchos religiosos María es el gran lirio blanco de los jardines de fe. El lirio blanco simboliza la pureza y la fe de María. También es muy habitual que esta flor sea representada en las escenas de la Anunciación. El lirio está también muy relacionado con Jesús porque en su sermón de la montaña mencionó esta flor. Cuando el lirio tiene los pétalos rectos, nos habla de la omnipotencia de Dios; en cambio, cuando están inclinados simbolizan el amor del Hijo y el Espíritu Santo.
- **OLIVO:** es la planta que simboliza la paz. Suele estar relacionada con la Inmaculada Concepción.
- **PALMA:** las ramas de palma hablan de inmortalidad y triunfo. Aparecen tanto en las escenas de la Anunciación como cuando un arcángel anuncia a María la cercanía de su muerte.
  - **PALOMA:** simboliza el Espíritu Santo, que viene a posarse en aquellas personas que tienen un corazón puro.
  - **PARRA:** la parra y las uvas representan la eucaristía.

- **Petirrojo:** debe su mancha roja a la espina que le quitó a la corona de Jesús cuando intentó arrancarle este símbolo de rey tan doloroso.
- **Rosa:** se suelen relacionar con la Virgen tanto las rojas (el color de la sangre del sacrificio y la sangre derramada por Cristo) como las blancas (color de pureza). La Virgen también es conocida como «rosa sin espinas». Los cinco pétalos de una rosa simbolizan las heridas de Cristo.
- **Serpiente:** este reptil, que en la religión representa la tentación y el pecado original, muchas veces es pisoteado por la Virgen, imagen de virtud.
- **Trigo:** las espigas de trigo en las representaciones de la Virgen y el Niño simbolizan la Eucaristía.

Los símbolos de la naturaleza en las imágenes marianas van más allá de la mera función estética. Por eso son muchos los textos, devocionarios y oraciones que se han creado al respecto. Uno de los más conocidos es la llamada Virgen de la Rosa Mística, a la cual los creyentes le destinan esta oración:

Virgen Inmaculada, Rosa Mística, en honor de tu Divino Hijo,
nos postramos delante de Ti, implorando la misericordia de Dios.
No por nuestros méritos, sino por la bondad de tu corazón maternal, concédenos
ayuda y gracia con la seguridad de escucharnos.
Rosa Mística, madre de Jesús, Reina del Santo Rosario y Madre de la Iglesia, del
Cuerpo Místico de Cristo, te pedimos que concedas al mundo,
rasgado por la discordia, la unidad y la paz y todas aquellas
gracias que puedan cambiar los corazones
de todos tus hijos [...].

Otros elementos simbólicos

Además de los elementos de la naturaleza que suelen acompañar las imágenes y representaciones de la Virgen, existen otros muchos que nos aportan un significado y simbolismo teológico y religioso que resulta fundamental conocer para comprender la envergadura que tuvo y tiene María.

- **MEDIA LUNA:** en contraposición al Sol, la Luna simboliza la divinidad femenina y la fertilidad. Colocada bajo los pies de la Virgen, hay quien ha querido ver el triunfo del cristianismo sobre el islamismo (representado por una media Luna), pero esta idea se aleja del más puro significado teológico.

- **CORONA CON 12 ESTRELLAS:** la estrella hace referencia a la estrella de David y el número 12 nos habla de muchos pasajes y momentos bíblicos: tribus de Israel, Apóstoles, 12 puertas de Jerusalén, 12 piedras preciosas, 12 perlas, 12 piedras tomadas en el río Jordán… Es el número de la perfección eterna.

- **CORAZÓN CON SIETE PUÑALES:** son los Siete Dolores que María tiene clavados en su corazón: el dolor, la angustia, la congoja, la consternación, el martirio, la herida y el desconsuelo. Todos ellos están relacionados con el sufrimiento que como madre debió padecer María cuando tuvo conocimiento y vio la muerte tan atroz de su hijo. Se trata de un número que significa perfección espiritual. La simbología del número siete en la Biblia es enorme: siete días para la Creación, siete brazos del candelabro, siete pecados capitales y sus correspondientes virtudes, siete sacramentos, siete fiestas religiosas en la antigüedad, etc.

- **BOLA CON CRUZ:** la bola suele significar el mundo, el orbe. Si a ella se le añade una cruz, entonces nos habla del triunfo del cristianismo y el triunfo de Cristo sobre la muerte.

- **CABEZA INCLINADA:** cuando la Virgen está representada con la cabeza inclinada hacia un lado, es una referencia evidente al Salmo 46, 11: «Escucha, hija, mira, presta tus oídos, olvida a tu pueblo y la casa de tu padre: al rey le agrada tu belleza».

- **LIBRO:** el significado de este objeto es teológico, es decir, en Ella ha generado la Palabra y el Verbo. No es un símbolo tan popular ni tan representado como otros, pero no por ello deja de poseer un profundo significado.
- **ESPEJO:** en algunas representaciones marianas aparece un espejo porque significa que en María Dios se reflejó y se reprodujo. Y en Ella los fieles han de mirarse y tenerla de modelo para alcanzar, o por lo menos aproximarse, a como fue la madre de Dios. Existe una novena en la que María es mencionada como espejo que sirve para implorar la pureza que Ella sí tiene de manera innata y a la que los creyentes aspiran:

¡Oh María Auxiliadora! Virgen purísima, espejo sin mancha, vivo reflejo de la luz de Dios! ¡Ah! concédeme la gracia que te imploro... e inspírame el más grande amor hacia la bella virtud de los Ángeles. Y puesto que para conservarla es vano todo propósito sin la fuga de las ocasiones, te suplico, ¡oh dulce Madre mía!, me socorras diariamente con tu santo auxilio para que huya de toda ocasión de pecado. Entretanto me ofrezco todo a Ti, y Tú ¡oh Inmaculada Auxiliadora!, haz que viviendo yo en la mortificación, en la humildad y en la oración, sea como un ángel en la tierra y goce un día con ellos en la gloria del Paraíso. Amén.

El Santo Rosario

La palabra rosario significa «corona de rosas» y es una forma de oración creada hacia el año 800 para los fieles laicos. En los monasterios, los monjes leían el Salterio o Libro de los Salmos, pero dado que la mayoría de la población era analfabeta, no podía tener una participación activa en esta práctica, de ahí que se hiciera un ritual sencillo que, en un principio, consistió en el rezo de 150 padrenuestros. Con el tiempo fue modificado y, en la actualidad, el rosario completo consta de 15 decenas de avemarías precedidas por un padrenuestro y seguidas por un gloria. Para seguir la cuenta, se emplea un collar en el cual las decenas están divididas; de él cuelga una corta cadena, que contiene tres cuentas en el centro y dos en los extremos, rematada con una cruz.

El rosario no solo es una sucesión de oraciones verbales, sino también una invitación a meditar sobre los misterios de la vida de Jesús y María. Estos misterios, que se anuncian uno a uno antes de cada decena, se dividen en cuatro partes y la Iglesia católica ha considerado conveniente que, cuando no se rece el rosario completo (las 15 decenas) sino solo su tercera parte, los misterios sobre los que se vaya a meditar sean escogidos según el día de la semana, tal y como se muestra en el siguiente esquema:

MISTERIOS GOZOSOS (LUNES Y SÁBADOS)

1. La encarnación del Hijo de Dios.
2. La visitación de Nuestra Señora a Santa Isabel.
3. El nacimiento del Hijo de Dios.
4. La presentación de Jesús en el Templo.
5. La pérdida del Niño Jesús y su hallazgo en el Templo.

MISTERIOS DOLOROSOS (MARTES Y VIERNES)

1. La oración de Nuestro Señor en el Huerto de Getsemaní.

2. La flagelación del Señor.
3. La coronación de espinas.
4. El camino del monte Calvario cargando la cruz.
5. La crucifixión y muerte de Nuestro Señor.

MISTERIOS GLORIOSOS (MIÉRCOLES Y DOMINGOS)

1. La Resurrección del Señor.
2. La Ascensión del Señor.
3. La Venida del Espíritu Santo.
4. La Asunción de Nuestra Señora a los Cielos.
5. La Coronación de la Santísima Virgen.

En la carta apostólica *Rosarium Virginis Mariae*, publicada por el papa Juan Pablo II en el año 2002, se introdujo una nueva serie de misterios llamados luminosos:

MISTERIOS LUMINOSOS (JUEVES)

1. El bautismo en el Jordán.
2. La autorrevelación en las bodas de Caná.
3. El anuncio del Reino de Dios invitando a la conversión.
4. La transfiguración.
5. La institución de la Eucaristía, expresión sacramental del misterio pascual.

En sus múltiples apariciones, Nuestra Señora ha pedido encarecidamente el rezo diario del rosario a todos los fieles.

Las VÍRGENES

Nuestra Señora de Alta Gracia

Patrona de la República Dominicana
Fiesta el 21 de enero

La advocación de Nuestra Señora de Alta Gracia nace en España, en la zona extremeña de Siruela. Allí, hace siglos, se le apareció a un pastor que la vio sobre un árbol y de ahí su nombre: la más Alta Gracia venida de los cielos. Posteriormente fue vista por una niña, sobre una piedra, en un pueblo cercano, Garrovillas de Alconétar. Todo parece indicar que unos palentinos llegados al valle de Higüey (en la República Dominicana) llevaron la imagen consigo. Pero, según escribe Monseñor Juan Pepón en su libro *Donde floreció el naranjo*, la veneración de esta Virgen que hay en la República Dominicana tiene otro origen.

Hace más de tres siglos vivía en la zona de Higüey un ganadero que tenía dos hijas. En cierta ocasión, antes de partir para la ciudad de Santo Domingo con el fin de vender sus reses, preguntó a las niñas qué querían que les trajera de regalo. La mayor le encargó cintas y adornos y la más pequeña, a quien llamaban La Niña, le pidió la imagen de la Virgen de Alta Gracia. Aunque le extrañó el encargo, el padre partió con la intención de complacerlas.

Tras terminar sus asuntos en la ciudad, compró los regalos para su hija mayor; pero cuando se dispuso a conseguir el de la pequeña, le resultó imposible encontrar la imagen de esa Virgen. Al cruzar la localidad Los Dos Ríos, decidió pasar la noche en casa de un amigo. En un rincón de la sala de la misma casa estaba sentado un anciano que, al oírle su historia, se acercó y le dijo que él tenía dicha imagen. Rebuscó en sus ropas y sacó un pergamino en el que se veía a la Virgen María adorando a Jesús recién nacido. El anciano se marchó al día siguiente. El 21 de enero La Niña recibió el regalo de su padre a los pies de un naranjo.

Oración

¡Oh Virgen de Alta Gracia,
Hermosa de Siruela, Reina y
Protectora!, mostrad, Señora,
que sois nuestra Madre,
cobijándonos siempre bajo tu
manto protector.
Son tus hijos que te adoran y te
bendicen, y te proclaman con
dulce acento, su más querida y
tierna Madre; son tus hijos que
de veras ansían morir
clamándote: ¡Oh Virgen de Alta
Gracia, Condúceme al Cielo!
Amén.

Virgen de Coromoto

Patrona de Venezuela
Fiesta el 2 de febrero, 8 y 11 de septiembre

Cuando en el año 1591 los conquistadores españoles llegaron al territorio que hoy es Venezuela, la región de Guanare estaba habitada por los indios cospes. En el año 1651 el cacique de los cospes que vivía en el monte se dirigía con su mujer a trabajar en el campo y, al llegar a una quebrada, vio a una Señora muy hermosa, que llevaba un Niño en sus brazos, tenía rasgos europeos y estaba caminando sobre las aguas. Cuando se aproximaron a Ella, la Virgen les dijo en idioma indígena: «Salgan a donde están los blancos para que les echen agua sobre sus cabezas para subir al cielo». Siguiendo las indicaciones de Nuestra Señora, el cacique se acercó donde estaban los españoles y estos empezaron a enseñarle el catolicismo a fin de que luego pudiera ser bautizado.

Al principio asistía gustoso a la catequesis, pero a medida que fue pasando el tiempo empezó a añorar los montes, su gente; decidió huir del lugar antes de recibir el bautismo. Los días anteriores a la fuga los pasaba triste y meditabundo en su choza.

Una noche se presentó en la puerta de su choza la Virgen despidiendo, según su hermana Isabel, un gran resplandor. El cacique, molesto, le preguntó: «¿Hasta cuándo me quieres perseguir?». Se abalanzó sobre la Virgen para asirla de un brazo y echarla fuera. En ese momento quedó envuelto en tinieblas y, cuando salió de ellas creyendo que tenía asida por el brazo a María, comprobó que en su mano tenía un retrato de Nuestra Señora. Aunque el indio se resistió durante un tiempo a ser bautizado, tras ser mordido por una serpiente pidió el bautismo y murió algo después de haberlo recibido.

Oración

¡Oh Virgen de Coromoto! En tus manos deposito esta súplica [indicar tal intención o necesidad]. Bendícela. Preséntala al Corazón de Jesús. Haz valer tu amor de Madre y tu poder de Reina. ¡Oh María! Cuento con tu ayuda. Confío en tu poder. Me entrego a tu voluntad. Estoy seguro de tu misericordia [...].

Virgen de la Candelaria

Patrona de las Islas Canarias (España)
Fiesta el 2 de febrero

La Virgen de la Candelaria representa la presentación de Jesús en el Templo y la purificación de Su Madre, tal y como prescribe la Ley de Moisés. En la imagen, ella tiene en su mano una vela o candela, lo que significa que ha dado luz a La Luz del Mundo. El Niño, por su parte, sostiene un pajarito que representa los pichones o tórtolas que se sacrificaban en el Templo durante el ritual de presentación al Señor. Hasta finales del siglo VII, el 2 de febrero se celebraba más la presentación de Jesús que la purificación de la Virgen; pero a partir de entonces se considera una festividad mariana. La Virgen de la Candelaria tiene especial arraigo y devoción en las Islas Canarias. Allí la llaman afectuosamente La Morenita, por el color oscuro de su rostro.

Fray Alonso de Espinosa relata, en 1594, que dos pastores guanches, de la isla de Tenerife, llevaban su ganado a resguardarse en las cuevas próximas al Barranco de Chimisay cuando percibieron que los animales estaban inquietos. Miraron hacia el mar y cerca de la orilla vieron la figura de una mujer. Como tenían prohibido acercarse a las mujeres en parajes solitarios, uno de ellos le hizo señas para que se retirase y, en el acto, su brazo quedó paralizado. Su compañero intentó herirla con un cuchillo, pero fue él quien terminó dañado.

Asustados, huyeron a la cueva del mencey Acaymo, su monarca, para contarle lo sucedido y este acudió al lugar con sus consejeros. Nadie se atrevía a tocarla, de modo que el monarca ordenó a los dos pastores que la tomaran en sus brazos para llevarla a su cueva palacio. En cuanto la tuvieron en sus brazos, quedaron completamente curados. Decidieron colocarla en una cueva próxima a la vivienda del mencey, donde hoy se erige su santuario.

Oración

Querida Virgen de la Candelaria, nos reunimos junto a ti. Traemos nuestra devoción
y nuestro cariño. Acéptalo, Madre nuestra. Déjanos contemplar tus virtudes
y enséñanos a imitarlas. Que nos parezcamos a ti cada día más,
para agradar al Señor como tú lo hiciste y vivamos así, en paz
y alegría, y lleguemos luego a compartir contigo
la dicha eterna de la gloria. Amén.

Virgen de Copacabana de Bolivia, Virgen de la Candelaria o Nuestra Señora de Copacabana

Patrona de Bolivia
Fiestas el 2 de febrero y 5 de agosto

La península de Copacabana, situada en el lago Titicaca y a más de 3.800 m sobre el nivel del mar, forma parte de los antiguos lugares sagrados de los aymaras y los incas. Los habitantes de este pueblo estaban divididos en dos grupos, los anansayas y los urinsayas, que si bien habían sido bautizados, aún seguían los ritos de su antigua religión. Los anansayas decidieron levantar una cofradía que estuviera bajo la advocación de la Virgen de la Candelaria. Pasado el tiempo un descendiente del inca Huayna Cápac llamado Francisco Tito Yupanqui, que decidió labrar la imagen de la Virgen y llevarla al pueblo. Pero carecía de las dotes artísticas necesarias para resaltar la belleza de la Virgen, de modo que la estatuilla fue colocada a un lado del altar. Cuando el párroco fue trasladado, el predicador que se hizo cargo de Copacabana ordenó quitar esa imagen tan poco agraciada.

El escultor se marchó a Potosí para estudiar talla y escultura para hacer una nueva imagen. Para ello buscó en las iglesias una que pudiera servirle de modelo. En el Convento de Santo Domingo vio una Virgen del Rosario que se adaptaba a su idea. La imagen concluida sirvió para que los urinsayas aceptaran formar la cofradía. Pero nadie quería esa nueva talla en la iglesia ya que no era una Virgen tradicional porque sus rasgos y su ropa eran los propios de una princesa inca. Dispuesto a venderla, Yupanqui se trasladó a La Paz, pero milagrosamente la talla cayó en manos del párroco de Copacabana. Este la llevó al pueblo y allí fue recibida con una gran devoción. Desde entonces, se encuentra en un santuario levantado en los Cerros de Guacuyo y su cuerpo está cubierto con una túnica y un manto que ocultan sus ropas incas.

Oración

¡Oh! María, sin pecado concebida, rogad por nosotros que recurrimos a Vos.
Virgen de Copacabana, que con traje de ñusta auxilias a tus devotos de Bolivia.
Ruega por nosotros. Amén.

Nuestra Señora de Lourdes

Patrona de Francia
Fiesta el 11 de febrero

En la localidad de Massabielle, al este de Lourdes, vivía una niña analfabeta de 14 años llamada Bernardita de Soubirous. El 11 de febrero de 1858 su madre le mandó a buscar leña con su hermana, María, y una amiga. El mejor lugar era un campo situado frente a una gruta, pero Bernardita, cuya salud era frágil, se fue quedando rezagada. Para llegar debían atravesar un arroyo muy frío. Las otras dos niñas insistieron y, cuando ella empezó a descalzarse, se oyó un ruido muy fuerte, que venía del interior de la gruta. Cuando miró hacia ese lado, vio una Señora bellísima con un rosario en las manos. En ese momento empezaron a oírse las campanas de la iglesia llamando al Ángelus.

Bernardita buscó en su bolsillo el rosario que siempre llevaba y, con él, intentó trazar la señal de la cruz para protegerse, pero su brazo quedó paralizado. La Virgen tomó la cruz del rosario y, con ella, hizo la señal de la cruz y dijo a la niña que siempre la hiciera de ese modo. Tras esto, su brazo quedó liberado. Tres días después, con el permiso de sus padres, las tres niñas regresaron a la cueva y la rociaron con agua bendita. Se arrodillaron a rezar el rosario y la Virgen hizo su segunda aparición. El 25 de febrero la Virgen le dijo que bebiera el agua milagrosa y le indicó el fondo de la cueva. Bernardita cavó allí y apareció un manantial. Cada año acuden a él enfermos de todo el mundo buscando alivio para sus males.

Oración

Santísima Virgen de Lourdes, que a ninguno desamparas ni desechas, mírame con ojos de piedad y alcánzame de tu Hijo perdón de mis pecados para que con devoto afecto celebre tu Inmaculada Concepción, en tu milagrosa imagen de Lourdes y reciba después el galardón de la bienaventuranza de quien eres Madre.

Nuestra Señora de Todos los Pueblos
y Todas las Naciones

Patrona de Holanda
Fiesta el 11 de febrero

El 25 de marzo de 1945, en la ciudad de Ámsterdam, Holanda, la Santísima Virgen se le apareció por primera vez a una vidente llamada Ida Peederman. A partir de entonces y hasta el año 1956 pudo ver a Nuestra Señora en 55 ocasiones más. La Virgen transmitió a esta sencilla mujer mensajes que revelaban importantes acontecimientos futuros: la liberación de la Holanda ocupada por los nazis, le advirtió la grave crisis mundial, la guerra de los Balcanes y la del Golfo, la fecha de la muerte del Papa Pío XII y las divisiones en el seno de la Iglesia. Todas las predicciones se han cumplido.

En una ocasión la Virgen se le apareció a Ida Peederman mostrándose de pie sobre la esfera del mundo. Señalando esta le dijo: «Hija, estoy de pie sobre este globo porque deseo que me llamen Señora de Todos los Pueblos». En otra aparición le dijo que había escogido a Ámsterdam como el sitio de la Señora de Todos los Pueblos ya que también era el lugar del Santísimo Sacramento.

Con estas palabras hizo alusión a un hecho milagroso que se remonta al año 1345: el ciudadano Ijsbrand Dommer estaba agonizando. Su mujer llamó a un sacerdote para que le diera los últimos sacramentos; al recibir la comunión, un fuerte ataque de tos hizo que la expulsara de la boca. Su mujer la limpió y la lanzó al fuego. Pero la hostia flotaba sobre el fuego sin recibir daño alguno. La envolvió en un paño limpio, la colocó dentro de un cofre y fue a buscar al sacerdote para que la pusiera en el sagrario de la iglesia. Por tres veces la hostia desapareció del sagrario y fue encontrada en el cofre y hoy, en ese lugar, se levanta una capilla donde está expuesta y es venerada.

de Vrouwe van alle Volkeren

Oración

Señor Jesucristo, Hijo del
Padre, manda ahora tu Espíritu sobre
la tierra. Haz que el Espíritu Santo habite en
el corazón de todos los pueblos, para que sean
preservados de la corrupción, las calamidades y la
guerra. Que la Señora de todos los Pueblos,
María Santísima, sea nuestra Abogada.

Santa María de Nicula

Venerada en Rumania

Fiesta el 15 de febrero

Siguiendo una vieja tradición rumana, en el año 1681 un sacerdote llamado Luca de Iclod pintó para los fieles de Nicula, en Transilvania, un icono que un campesino puso en la iglesia del lugar. Años después, Transilvania fue ocupada por el ejército imperial y uno de los regimientos de caballería se alojó en una localidad próxima llamada Gherla. El domingo 15 de febrero de 1699 un grupo de oficiales y soldados católicos de dicho regimiento decidieron acercarse a la aldea de Nicula para conocer una iglesia ortodoxa. En cuanto entraron en el templo quedaron asombrados por su belleza, especialmente delante del icono de la Santísima Virgen con el Niño. Se acercaron para verlo mejor y notaron que de los ojos de Nuestra Señora caían lágrimas. Llamaron a un sacerdote e inmediatamente el relato del milagro se difundió por el pueblo. La imagen estuvo llorando durante 26 días y el hecho está debidamente documentado. A medida que la noticia se fue conociendo, empezaron a llegar personas enfermas que, tras tocar las lágrimas de la virgen, sanaban.

Muchos años después, un conde húngaro llevó el icono a su castillo, pero los campesinos de Nicula exigieron su devolución amenazando con quemar sus propiedades. El emperador Wien dispuso que se colocara en una iglesia construida por el conde en las proximidades de Nicula. Con el ascenso del comunismo en Rumania en 1948 la Iglesia ortodoxa sufrió graves persecuciones. Unos monjes de una aldea cercana escondieron el icono durante 20 años. En la actualidad no se sabe a ciencia cierta cuál es el icono original; hay quienes dicen que se encuentra en la Iglesia Esculapios Cluj, pero otros creen que es el que está en el Monasterio de Nicula.

Oración

Gracias por ser Santa María. Gracias por haberte abierto a la gracia, y a la escucha de la Palabra, desde siempre. Gracias por haber acogido en tu seno purísimo a quien es la Vida y el Amor. Gracias por haber mantenido tu «Hágase» a través de todos los acontecimientos de tu vida [...].

Virgen de Montserrat

Patrona de Cataluña (España)
Fiesta el 27 de abril

El culto a la Virgen de Montserrat es muy antiguo; los historiadores estiman que anterior a la invasión de España por los árabes. Sin embargo, nada se sabe del lugar en el que esta imagen fue escondida hasta que apareció en el siglo IX. Según cuenta la tradición, cerca de Montserrat, una localidad de Cataluña, unos pastores estaban con sus ovejas cuando, de pronto, oyeron que de una de las cuevas salían hermosos cánticos. Cuando se acercaron al lugar, vieron que desde su interior salía un extraño resplandor que, según comprobaron luego, era emitido por una imagen de la Virgen tallada en madera.

Fueron hasta la ciudad a dar parte del hallazgo al obispo quien, tras comprobar que la imagen estaba en la gruta, ordenó que fuera llevada a la catedral. Para acompañarla y transportarla con todos los honores que Nuestra Señora merece, organizó una procesión. Pero su propósito no pudo ser llevado a cabo porque la imagen, a pesar de tener solo 93 cm de altura, se hizo tan pesada y difícil de manejar que no quedó otro remedio que dejarla en una ermita que estaba próxima a la cueva donde había sido encontrada.

Allí permaneció hasta la construcción del monasterio benedictino que ahora le sirve de morada, muy cerca de Barcelona. Popularmente, es conocida como La Morenita por el color de su tez.

Oración

¡Oh Madre Santa,
Corazón de amor,
Corazón de
misericordia!,
que siempre nos
escuchas y consuelas,
atiende a nuestras
súplicas. Como hijos
tuyos, imploramos tu
intercesión ante
tu Hijo Jesús.
Recibe con
comprensión y
compasión las
peticiones que hoy
te presentamos,
especialmente [se hace
la petición].
Nuestra Señora de
Montserrat, ruega por
nosotros.

Nuestra Señora Divina Pastora

Patrona de Trinidad y Tobago
Fiesta el segundo domingo después de Pascua

El origen de esta advocación, conocida también como Madre Divina Pastora, Madre del Buen Pastor y Divina Pastora de las Almas, representa a la Virgen María y es desconocido. No es hasta principios del siglo XVIII que es dada a conocer como advocación por el fraile Isidoro de Sevilla.

Esta advocación fue difundida en América por los misioneros capuchinos; en el siglo XIX, un sacerdote la llevó a Siparia, en Trinidad y Tobago, porque en cierta ocasión le había salvado la vida y quería expandir su culto. Más del 40% de la población de estas islas es de origen hindú. Para ellos, Nuestra Divina Pastora representa a Kali, diosa de la muerte y de la destrucción, y llaman a la imagen Madre de Siparia. Según cuenta la tradición, cierta mañana un habitante vio, en la pradera donde se construyó la iglesia, una joven que, al final del día, se había convertido en anciana. Lo curioso del hecho es que todos los años, desde la noche del Jueves Santo a la del Viernes Santo, esta comunidad va a la iglesia a presentarle a la Virgen sus ofrendas y a pedir su intercesión. Ese día, los católicos se abstienen de ir a la capilla para permitir que los hindúes honren a la que consideran su diosa.

Oración

¡Oh mediadora nuestra María! [...]. Obra en mí como instrumento de tus manos y que yo, como María la madre del Buen Pastor, pueda con tu ayuda aborrecer el pecado significado en el odio, la soberbia, la envidia y cuantas cosas ofenden a Dios y al prójimo; que yo pueda con tu ayuda vivir de fe, esperanza y caridad. Amén.

Nuestra Señora de la Paz
y del Buen Viaje de Antipolo

Venerada en Filipinas
Fiesta del 30 de abril al 1 de mayo

El origen de esta advocación se remonta a la época en que Filipinas era una colonia española, cuando hubo el apogeo del comercio marítimo entre México y Filipinas. El 25 de marzo de 1626 el recién nombrado capitán general de Filipinas y presidente de la Real Audiencia de Manila embarcó en México en el galeón *Almirante*, rumbo a su nuevo destino llevando consigo una imagen de la Santísima Virgen.

En la larga travesía la embarcación sufrió violentas tempestades y un incendio a bordo. El gobernador Tabora atribuyó la suerte de llegar sanos a la Santísima Virgen que les acompañaba. En agradecimiento pidió que se la recibiera con gran pompa. La procesión se inició en la iglesia jesuítica de San Ignacio, desde donde la imagen fue llevada hasta la Catedral de Manila, que fue su primer hogar. Debido a lo que había ocurrido durante la travesía marítima, fue llamada Nuestra Señora de la Paz y del Buen Viaje.

A la muerte del gobernador, la imagen quedó a cargo de los jesuitas; se decidió entonces que ellos construirían una iglesia especial para la Virgen en el barrio cercano de Santa Cruz pero, cada vez que quisieron trasladarla de la iglesia de Antipolo, fue imposible porque Ella siempre aparecía junto a un árbol situado cerca de la vieja iglesia. Allí levantaron un pedestal y desde entonces se la conoce también por el nombre de Nuestra Señora de Antipolo.

Oración

Soberana Reina del Cielo y la
Tierra, ya que Tu intercesión
frente a Cristo, Nuestro
Salvador, es tan poderosa,
intercede por nosotros ante la
Divina Majestad para que
podamos obtener la gracia que
pedimos [...]. Sin embargo, si no
es la voluntad de Dios,
aceptamos su santa voluntad
porque deseamos todo lo que le es
más agradable. Amén.

Nuestra Señora del Líbano

Patrona del Líbano
Fiesta el primer domingo de mayo

El año 1904 fue declarado por la Iglesia católica Año de Jubileo Mariano conmemorando los 50 años de declaración del dogma de la Inmaculada Concepción. En esta ocasión, el Patriarca Maronita y el Delegado Apostólico en Líbano decidieron realizar un monumento que conmemorara el evento. Encargaron a una fundición de Lyon, en Francia, una estatua de Nuestra Señora en hierro fundido, de 8 m de altura y pintada de blanco, y la emplazaron en la cumbre de un monte de 600 m en la localidad de Harissa sobre un pedestal de roca natural.

La hermosa imagen de la Inmaculada, que extiende sus brazos protectores sobre la región, fue llamada Nuestra Señora del Líbano. En este país conviven en armonía 18 confesiones religiosas monoteístas diferentes; aun así, toda la población, y no solo los católicos, han aceptado a María como Reina y Protectora y a Ella acuden los libaneses a pedir ayuda o consuelo, expresándose con los ritos o costumbres de su región.

Cuando en 1954 una réplica de esta advocación tallada en madera recorrió las poblaciones de todo el Líbano, muchos pueblos musulmanes pidieron que les visitase y, al llegar, la recibieron con júbilo llamándola *Settna Mariam* que significa Abuela o Señora María.

Oración

Oh María, Reina de los montes y de los mares, Patrona del Líbano, dirige una mirada materna a todos tus hijos, extiende hacia ellos tus manos puras y bendícelos.

Virgen de Luján

Patrona de Argentina
Fiesta el 8 de mayo

En el siglo XVII, un hacendado que vivía en Santiago del Estero, al norte de Buenos Aires, encargó a un amigo que vivía en Brasil una imagen de la Inmaculada Concepción para ponerla en una capilla que había construido en sus tierras. El amigo envió dos: la Inmaculada y otra que portaba al Niño Jesús en brazos. Cuando llegaron a Buenos Aires, fueron colocadas en la carreta que las iba a llevar a Santiago del Estero, pero a las orillas del río Luján se detuvo ya que los bueyes se negaron a seguir.

Pensando que los animales estaban cansados, fueron cambiados por otros, pero sin éxito. Pusieron una de las imágenes en tierra a ver si con ello obtenía algo, pero fue inútil. Sin embargo, en cuanto bajaron la imagen de la Inmaculada, los bueyes echaron a andar. Hicieron varias pruebas y constataron que quien se negaba a continuar era la Inmaculada. Los vecinos celebraron el hecho con gran gozo. La imagen fue llevada a casa de uno de los vecinos, llamado don Rosendo, quien construyó la primera capilla para esta advocación. Allí estuvo la Virgen durante 40 años.

Un hecho que quedó consignado fue que en el barco que trajo la Virgen desde Brasil a Argentina también viajaba un esclavo llamado Manuel. Él fue uno de los testigos del milagro y, desde entonces, dedicó su vida al cuidado de Nuestra Señora. Dice la tradición que Manuel había recibido el don de curar a los enfermos y que, para ello, empleaba la cera que caía de las velas de la Virgen. Una de estas curaciones es la del Padre Pedro Montalvo, hecho que está documentado.

Oración

Virgencita de Luján, andadora de caminos, danos la humildad del negrito Manuel, verdadero prócer de esta patria. Danos honestidad en nuestros corazones, y sinceridad y caridad en nuestras acciones haciéndonos esclavos de Tu Hijo Amado. Ayúdanos a reconocerte en nuestro origen como verdadera Madre de esta Nación, bajo Tu Manto, que es nuestra bandera. Danos amor por el trabajo honesto, recordando a nuestros padres que trabajaron esta tierra bendita [...].

Virgencita gaucha, danos a Tu Hijo Jesús, intercede ante Él para que Luján brille esperando el glorioso día de Su vuelta. Amén.

Virgen de los Desamparados

Patrona de la Comunidad Valenciana (España)
Fiesta el segundo domingo de mayo

El 24 de febrero de 1409 el padre mercedario Joan Gilabert Jofré se dirigía a la Catedral de Valencia cuando en el camino vio a unos jóvenes que apaleaban y se burlaban de un demente. Conmovido por la situación, en su sermón de ese día exhortó a los feligreses a mostrarse caritativos con los pobres y enfermos.

Un grupo de ciudadanos acaudalados crearon una comisión y fundaron un hospital. La entidad sería llamada Hospital de Ignoscents, Folls e Orats y sería puesto bajo la advocación de Nostra Dona Sancta dels Folls, Innocents e Orats. Sin embargo, aunque el dinero para la edificación del hospital hubiera sido reunido, para sufragar la manutención de los enfermos crearon una cofradía en la que no hubiera límites sociales ni económicos para asociarse.

Tanto el hospital como la cofradía tomaron como patrona a la Virgen. Según los cofrades esta escultura no representaba cabalmente sus propósitos, de ahí que solicitaran otra. La petición les fue concedida. La tradición cuenta que pidieron una imagen al padre Jofré. Este comenzó a hacer las gestiones para conseguirla y tres peregrinos que estaban de paso por el lugar, que eran escultores, le dijeron que les dejara solos en la ermita y que nadie les molestara salvo para entregarles la comida y llevarles los materiales necesarios para modelarla. En la madrugada del cuarto día, al ver que en el lugar reinaba el silencio, Jofré entró en la ermita y vio la imagen terminada. Los peregrinos habían desaparecido. La imagen es de cartón piedra, sin acabado posterior como era costumbre en esa época, y el manto con el que se la cubrió posteriormente protege a dos niños. Con el tiempo se popularizó con el nombre de Virgen de los Desamparados.

Oración

¡Oh Santísima fuente de piedad y
hermosura, alegría de la gloria, consuelo
del cielo, remedio de los trabajos! Con vos,
Virgen prudentísima, se alegran los ángeles.
Encomendad mi alma y la de todos los fieles
cristianos, rogad por nosotros a vuestro bendito
Hijo y conducidnos al paraíso eterno.

Nuestra Señora de Fátima

Patrona de Portugal
Fiesta el 13 de mayo

En la localidad de Fátima, Portugal, el 13 de mayo de 1917 Nuestra Señora se le apareció a tres pastores: Lucía dos Santos, Jacinta y Francisco Martos, de diez, seis y nueve años, respectivamente. Según relataron ellos mismos, vieron un gran reflejo y a Ella surgir de una encina. María les pidió que durante seis meses regresaran cada día 13 al mismo lugar y allí acudieron, seguidos por miles de personas que vieron cómo los niños hablaban con la Virgen.

Tras pedir la construcción de una capilla e insistir en el rezo del rosario, la Virgen les confió un mensaje dividido en tres partes: en la primera se daba una versión del infierno; la segunda hablaba de cómo reconvertir el mundo al cristianismo, y la tercera permaneció en secreto hasta el año 2000. La propia Lucía escribió: «Después de las dos partes que ya he expuesto, hemos visto al lado izquierdo de Nuestra Señora, un poco más en lo alto, a un ángel con una espada de fuego en la mano izquierda; centelleando, emitía llamas que parecía iban a incendiar el mundo; pero se apagaban al contacto con el esplendor que Nuestra Señora irradiaba con su mano derecha dirigida hacia él (…)».

Oración

¡Oh Virgen Santísima!, Vos os aparecisteis repetidas veces a los niños; yo también quisiera veros, oír vuestra voz y deciros: Madre mía, llevadme al Cielo [...].

Nuestra Señora de Brezje

Patrona de Eslovenia
Fiesta el 24 de mayo

En los Alpes eslovenos, en un pueblecito llamado Brezje, existe desde hace siglos la Iglesia de San Vito. A finales del siglo XVIII un sacerdote conocido como Padre Azbe construyó, dentro de ella, una capilla dedicada a María Auxiliadora de los Cristianos. En el altar colocó la copia de una pintura de la Virgen que había conseguido en Innsbruck en su época de estudiante. Este santuario era visitado por los habitantes del lugar o por los de las aldeas del entorno.

Cuando las tropas napoleónicas invadieron la región, un esloveno llamado Leopold Capa, que había estudiado arte en Florencia, decidió utilizar su talento para hacer dinero falso, pero las autoridades lo descubrieron y lo enviaron a la cárcel junto con su hermano. Mientras estaba en prisión hizo a la Virgen la promesa de pintar la capilla de Brezje si conseguía la libertad. Cuando se firmó el tratado de paz, Capa fue puesto en libertad y en el año 1814 cumplió su promesa decorando las paredes de la capilla y haciendo una nueva imagen de María, Auxilio de los Cristianos. Desde entonces, y debido a la cantidad de milagros que se han producido en el lugar, el santuario se ha convertido en uno de los centros marianos más importantes del país.

Oración

María, Auxilio de los Cristianos, muéstranos la manera de ser un buen cristiano, cómo escuchar y guardar la palabra de Dios. Ayúdanos a responder a Dios como lo hizo su Hijo. Que el Espíritu de Cristo habite en nosotros; que Su Poder obre en nosotros [...]. Amén.

Virgen del Rocío

Patrona de Andalucía (España)
Fiesta el lunes siguiente al domingo de Pentecostés

Existe una crónica que señala que a principio del siglo xv un hombre salió a cazar en los alrededores de la Villa de Almonte, en Huelva, en un sitio llamado La Rocina. Estando en este lugar agreste, los perros parecían inquietos. Tras caminar un trecho, encontró entre las zarzas un tronco que en su interior contenía una imagen de Nuestra Señora de tamaño natural. Estaba vestida con una túnica de lino verde claro y sus rasgos eran increíblemente bellos. Las autoridades eclesiásticas la sacaron de entre las zarzas y la llevaron a la iglesia mayor para que estuviera allí mientras desbrozaban el matorral para construir una ermita. Esta fue levantada guardando en su interior el tronco en el que la Virgen había sido encontrada para utilizarlo como peana para la imagen. El primer nombre que se le puso fue el de Virgen de las Rocinas.

En la actualidad, los historiadores sitúan estos hechos dos siglos antes y han llegado a la conclusión de que esa primera ermita fue levantada por orden del rey Alfonso X El Sabio; su edificación pudo haberse iniciado tras la batalla de Niebla, en el año 1262. Hoy, la romería del Rocío, que es el nombre por el cual se conoce a esta Virgen, es una de las más importantes de España.

Oración

Señora y Madre del Rocío, Virgen del Espíritu Santo, yo me entrego enteramente a ti y en prueba de mi filial afecto te consagro mi vida, mi corazón mi cuerpo y alma, todo mi ser. Y ya que soy todo tuyo, ¡Oh Madre de bondad!, guárdame y defiéndeme como cosa y posesión tuya. Amén.

Virgen de la Capilla

Patrona de Jaén (España)
Fiesta noche del 10 al 11 de junio

Los cristianos conquistaron la ciudad de Jaén, que estaba en poder de los musulmanes, en el año 1246. En la madrugada del sábado 10 al domingo 11 de junio, cuatro personas muy humildes, residentes en el arrabal de San Ildefonso vieron una extraña procesión. A la cabeza iba una Señora resplandeciente, vestida con ricos ropajes y con un niño de túnica blanca apoyado en su brazo. Detrás de ella, se podían ver las cruces parroquiales y una enorme milicia con sus atuendos de guerra. Según diversos testimonios, era tal el brillo de la procesión que las casas, tejados y todos los elementos del entorno podían verse con la misma claridad que en un día soleado. La procesión se detuvo en la parte posterior de la Capilla de San Ildefonso. Allí, en un altar que había aparecido también milagrosamente, se celebró un oficio rodeado de cánticos sobrenaturales. Cuando las campanas de la ciudad tocaron a Maitines, la procesión se esfumó de forma tan milagrosa como había aparecido. El pueblo de Jaén interpretó los hechos como una aparición de la Virgen María. Junto a la iglesia de San Ildefonso se construyó una capilla para esta Virgen y allí, en su caja fuerte, aún se conservan los documentos, firmados por los testigos y sellados, donde se da cuenta del milagro.

Oración

Bendita sea la hora en que María Santísima
descendió del cielo a la ciudad de Jaén
para socorrer a nuestros mayores.
Por siempre sea bendita y alabada [...].

Virgen de Medjugorje

Patrona de Bosnia-Herzegovina
Fiesta el 25 de junio

Al pie de las montañas de Potbrdo y Krízevac, en un pueblo llamado Medjugorje que toma el nombre del valle en el que se encuentra, el 24 de junio de 1981 Nuestra Señora se le apareció a seis niños del lugar diciendo que era la Reina de la Paz. Los jóvenes estaban en una colina cuando, de repente, vieron a una mujer joven, increíblemente bella, que llevaba un niño en los brazos. Aunque no les dijo nada sí les indicó, con gestos, que debían acercarse. Ellos tuvieron miedo y, finalmente, la imagen desapareció. Convinieron reunirse al día siguiente en el mismo lugar.

El 25 de junio dos de los niños no asistieron al encuentro, pero otros dos, que no habían presenciado la aparición anterior, ocuparon su lugar. De repente, se vieron bañados por un potente resplandor. Elevaron sus ojos al cielo y vieron a la Virgen, esta vez sin el Niño, que les miraba con una sonrisa y una dulcísima expresión en su rostro. Nuevamente les hizo señas con las manos para que se acercasen y los jóvenes, más decididos, empezaron a subir la colina. Al llegar a su lado cayeron de rodillas y rezaron el Padrenuestro, el Avemaría y el Gloria, acompañados por Ella.

En los días subsiguientes la Virgen continuó presentándose aproximadamente a la misma hora. Mientras, en el pueblo las opiniones estaban divididas. En el cuarto encuentro, le preguntaron quién era y Ella respondió: «Soy la bienaventurada Virgen María». También les dio un recado que debían transmitir a los sacerdotes: «Han de creer firmemente, y han de cuidar la fe del pueblo». Desde el comienzo de las apariciones hasta el día de hoy y salvo cinco días, la Virgen se ha presentado diariamente a los videntes; en ocasiones a todos ellos y, en otras, individualmente.

Oración

¡Oh Corazón Inmaculado de María!, lleno de bondad, muéstranos tu amor por nosotros. Haz que la llama de tu Corazón descienda sobre todos los hombres. Imprime el amor verdadero en nuestros corazones. Haz que nuestros corazones tengan un deseo continuo de Ti. Acuérdate de nosotros cuando estemos en pecado. Tú sabes que todos los hombres pecamos. Por medio de tu corazón inmaculado y materno, haz que seamos sanados de toda enfermedad espiritual. Haznos capaces de contemplar la bondad de tu Corazón maternal, a fin de que podamos convertirnos por la llama de tu Corazón. Amén.

Nuestra Señora del Perpetuo Socorro

Patrona de Haití
Fiesta el 27 de junio

La advocación de Nuestra Señora del Perpetuo Socorro tuvo una gran difusión en Constantinopla, y surgió con la creación de un icono de la Virgen que reproduce la pintura que hizo San Lucas de Nuestra Señora. La historia cuenta que hacia el siglo XV un viajero, de paso por la isla de Creta, sustrajo el icono de una iglesia griega. Al parecer lo guardó en su equipaje y partió en barco rumbo a Roma. En medio de la travesía, se desató una terrible tormenta, pero él sostuvo en alto el cuadro y las aguas se calmaron. Tiempo después el mercader enfermó y, al sentir que pronto abandonaría este mundo, hizo prometer a un amigo que se encargaría de colocar la pintura en una iglesia para venerarla. Sin embargo, el amigo del mercader no pudo cumplirla ya que su mujer se había encariñado con el cuadro. La Virgen insistió sin éxito y el hombre murió. Su hija de seis años, al día siguiente de morir su padre, le dijo a su madre que una hermosa y resplandeciente Señora se le había aparecido y le había dicho que Nuestra Señora del Perpetuo Socorro quería estar en una iglesia. En una segunda aparición a la niña, la Virgen le dijo que deseaba estar entre la Basílica de Santa María la Mayor y la de San Juan de Letrán. La dueña del cuadro comprendió que se estaba refiriendo a la pequeña iglesia de San Mateo.

Los monjes agustinos, que estaban a cargo de ese templo, organizaron una procesión para llevar el icono al sitio definitivo y, durante la misma, un hombre que tenía un brazo paralizado quedó instantáneamente curado al tocar la imagen. Los Padres Redentoristas llevaron esta advocación a Haití y construyeron un santuario en Béle-Aire, cerca de Puerto Príncipe. Cobró aún mayor popularidad cuando en 1883, en medio de una terrible epidemia que asolaba el país, los fieles le hicieron una novena y la epidemia cesó.

Oración

Virgen Santísima, socorro perpetuo de las almas que se acogen a vuestro amor maternal: dignaos pedir por mí a vuestro santísimo Hijo y Señor nuestro Jesucristo, para que le sean agradables todos mis pensamientos, palabras y acciones de este día y toda mi vida [...]. Amén.

Nuestra Señora de Naju

Patrona de Corea del Sur
Fiesta el 30 junio (primer milagro)

La localidad de Naju, en Corea del Sur, ha sido testigo de numerosos hechos milagrosos producidos por la intermediación de la vidente Julia Kim. Esta mujer, que había sido educada en la fe presbiteriana, enfermó gravemente. A punto de suicidarse para ahorrar dolor a su familia, sintió deseos de visitar una iglesia católica. Allí el sacerdote le respondió que ella estaba recibiendo gracias incomparables en su cuerpo y que estas estaban repletas de dolores y sufrimientos. Estas palabras le reconfortaron y al instante, su cuerpo frío, sin apenas vida, se empezó a calentar, su corazón comenzó a latir a un ritmo más rápido y sudó copiosamente. Al salir de la iglesia compró una pequeña imagen de Nuestra Señora, un libro de oraciones y una Biblia y, al tercer día, oyó la voz de Jesús que le decía: «Lee la Biblia, es Mi Palabra Viva».

Abrió las Sagradas Escrituras y leyó varios pasajes en los que Nuestro Señor obró milagrosas curaciones por la fe. Tras comprenderlas, se encomendó al Dios diciéndole que ella creía en Él fervientemente y el milagro se produjo: Julia se curó por completo. El matrimonio fue bautizado y asistió a catequesis.

El día 30 de junio de 1985 dieron comienzo los fenómenos sobrenaturales. La estatuilla de Nuestra Señora empezó a derramar lágrimas que, después, fueron de sangre. También ha sido protagonista de milagros eucarísticos en los cuales, la Sagrada Forma depositada en su lengua se transformaba en carne y sangre de Nuestro Señor.

Oración

Mi santísima Señora, Madre de Dios, llena de gracia, Tú eres la gloria de nuestra naturaleza, el canal de todos los bienes, la Reina de todas las cosas después de la Trinidad..., la mediadora del mundo después del Mediador [...]. Madre de Aquel que es el único misericordioso y bueno, acoge mi alma en mi miseria y, por tu mediación, hazla digna de estar un día a la diestra de tu único Hijo. Amén.

Virgen de Kazán

Patrona de Rusia
Fiesta el 8 de julio

En 1579, en el pueblo de Kazán, se incendió una casa en la que vivía una niña de nueve años llamada Matrona. La pequeña vio en sueños una imagen de la Virgen María que le pedía que recuperara un icono con su imagen que estaba oculto entre las cenizas de su hogar. La niña lo buscó y, debajo de una estufa y envuelto en un antiguo lienzo, halló el icono que, seguramente, habría sido enterrado allí en el siglo XIII para salvarlo de las persecuciones de los tártaros. La imagen fue trasladada a la Iglesia de San Nicolás y, posteriormente, a la Catedral de La Anunciación. Allí adquirió gran notoriedad por los milagros que producía, sobre todo la curación de personas ciegas. Cien años más tarde, se construyó un templo en su honor, pero en él no estuvo el icono original sino una copia. El auténtico fue conservado en Moscú hasta que, en 1821, fue entronizado en la Catedral de Kazán. A mediados del siglo XIX recibió una cobertura de oro, con incrustaciones de diamantes y esmeraldas.

Con el comunismo de 1917, la Catedral de Kazán fue convertida en un museo y las autoridades se apropiaron del icono y lo mandaron a Moscú, pero la imagen desapareció. Volvió a reaparecer en una subasta realizada en Polonia, al finalizar la Primera Guerra Mundial. La compró un magnate inglés pero, tras su muerte, esta debió ser vendida para pagar sus impuestos. Pese a que los ortodoxos rusos recolectaron dinero para comprarla, los fondos reunidos les fueron robados en dos ocasiones. En el año 1970 reapareció en una subasta organizada por el Ejército Azul de Nuestra Señora, una organización mariana estadounidense que, tras la compra, lo llevó a Fátima, Portugal, con el propósito de que el icono fuera devuelto a Rusia. El 26 de agosto del año 2004 el Papa Juan Pablo II llevó el icono de la Virgen de Kazán para que fuera entregado al patriarca Alexis II, máxima autoridad de la iglesia ortodoxa rusa.

Oración

Bendita seas y honrada, Madre, en tu icono de Kazán, en el que
desde hace siglos estás rodeada por la veneración y el amor de los
fieles ortodoxos, convirtiéndote en protectora y testigo de las obras
particulares de Dios en la historia del pueblo ruso, muy querido
por todos nosotros [...].

Nuestra Señora del Carmen de Maipú

Patrona de Chile
Fiesta el 16 de julio

En el año 1785 se encargó a un escultor de la Escuela de Quito una talla de la imagen de Nuestra Señora del Carmen. Cuando los patriotas chilenos, comandados por el general O'Higgins, iban a emprender la lucha emancipadora, pusieron las tropas bajo el mando de esta advocación nombrándola Generala de las tropas.

En 1817, el general José de San Martín, que estaba preparado con su ejército frente a la imponente Cordillera de los Andes, dispuesto a cruzarla para ayudar a O'Higgins en la lucha por la independencia chilena, colocó su bastón de mando en la mano derecha de la imagen de la Virgen del Carmen designándola patrona del ejército de los Andes. Un año más tarde, ante el avance de las tropas españolas, el pueblo chileno fue a la catedral a implorar el auxilio de Nuestra Señora prometiéndole levantar un templo en su honor. A finales de ese mismo año, el General O'Higgins, tras su victoria en la batalla de Maipú, colocó la primera piedra del santuario prometido y ordenó sepultar en ese lugar a los caídos en la batalla.

Oración

¡Madre de la Iglesia y de todos los hombres! Inspira y conserva la fidelidad a Cristo en la nación chilena y en el continente latinoamericano. Mantén viva la unidad de la Iglesia bajo la cruz de tu Hijo. Haz que los hombres de todos los pueblos reconozcan su mismo origen y su idéntico destino [...] para gloria y alabanza de la Santísima Trinidad. Amén.

Oración

Madre de Chile, a Ti honraron los
padres de la patria, y los más
valientes de la historia; desde los
comienzos nos diste bendición.
Hoy te confiamos lo que somos y
tenemos; nuestros hogares, escuelas y
oficinas; nuestras fábricas, estadios y
rutas; el campo, las pampas, las
minas y el mar…
Enséñanos a conquistar el verdadero
progreso que es construir una nación
de hermanos donde cada uno tenga
pan, respeto y alegría. Amén.

Nuestra Señora de Aylesford

Venerada en Reino Unido
Fiesta el 16 de julio

Cuando la situación de los cristianos en Tierra Santa se agravó, muchos decidieron regresar a Europa y hacer su apostolado en el continente ya que no había posibilidad de parar el avance musulmán. Uno de estos hombres fue un cruzado inglés, el barón Grey, quien a principio del siglo XIII regresó acompañado por un grupo de religiosos del Monte Carmelo a quienes obsequió con una mansión que poseía en Aylesford. Allí los monjes establecieron un convento donde llevarían vida de ermitaños. En 1245 fue nombrado prior un hombre que tenía fama de santidad: Simón Stock. La tarea que tenía por delante no era fácil: la orden no había recibido una buena acogida y su futuro no era prometedor.

El 16 de julio de 1251 estaba orando y se le apareció la Virgen rodeada de multitud de ángeles, llevando en sus manos el escapulario de la orden. «Este será el privilegio para ti y para todos los carmelitas: que quien muriere con él no padecerá el fuego eterno, es decir, el que con él muriere se salvará», le dijo. Desde entonces, el culto de Nuestra Señora se difundió por las Islas Británicas.

Oración

¡Oh Bellísima Flor del Carmelo, Fructífera Viña, Resplandor del Cielo,
Madre Singular del Hijo de Dios, Virgen Siempre Pura! Madre Santísima,
después de habernos traído el Hijo de Dios, permanecisteis intacta y sin mancha
ninguna. ¡Oh Bienaventurada Siempre Virgen, asistidme en esta necesidad! [...].
¡Virgen, Flor del Carmelo, rogad por nosotros! [...].

Virgen de Berdychiv

Patrona de Ucrania
Fiesta el 16 de julio

A principios del siglo XVII Janusch Thyszkiewicz, palatino de Kiev que profesaba la religión ortodoxa, cayó prisionero de los tártaros. Viendo que su situación era desesperada, abjuró del cisma ortodoxo e hizo una promesa: si conseguía la libertad, se abocaría a la difusión del catolicismo entre los cismáticos construyendo un convento para que los frailes pudieran catequizar a la población. En esas circunstancias tuvo la visión de una mujer que vestía el hábito carmelitano, lo cual confirmó su propósito. Thyszkiewicz fue liberado y, cuando entró en la iglesia de Lublin, vio una imagen de Santa Teresa de Jesús comprendiendo así que era ella quien se le había aparecido. En el año 1642 pudo consagrar la iglesia, en cuyo altar lucía un hermoso cuadro de Nuestra Señora.

El convento carmelita construido tenía el aspecto de una fortaleza y contaba con una guarnición que defendía ese lugar de los cosacos. Con la caída del comunismo, los carmelitas regresaron al lugar y el 16 de julio de 1990 pudieron celebrar misa en la explanada, frente al santuario de la Virgen del Carmen de Berdychiv.

Oración

¡Oh Virgen Santa del Carmen! Jamás podremos corresponder dignamente a los favores y gracias que nos has hecho al darnos tu Santo Escapulario. Acepta nuestro sencillo, pero hondamente sentido, agradecimiento y, ya que nada te podemos dar que sea digno de Ti y de tus mercedes, ofrecemos nuestro corazón, con todo su amor, y toda nuestra vida [...].

Virgen del Carmen

Patrona del mar y de la Armada Española
Fiesta el 16 de julio

La Virgen del Carmen, conocida también como Nuestra Señora del Monte Carmelo, es una advocación de la Virgen María que procede del Monte Carmelo, en Israel. La tradición cuenta que en Tierra Santa, durante la celebración de Pentecostés, había un grupo de investigadores que estudiaban en el Monte Carmelo la vida de los profetas Elías y Eliseo. Eran hombres que no habían sido bautizados, que no tenían fe en el catolicismo. Sin embargo, se produjo un hecho que habría de cambiar sus vidas: vieron aparecer una nube sobre la que estaba la Virgen María con el Niño en brazos.

Tras este milagro se convirtieron, fueron bautizados y en ese lugar se estableció un templo en honor a Nuestra Señora y una congregación llamada Hermanos de Santa María del Monte Carmelo, más conocida como carmelitas. Cuando era ya imposible resistir el avance de los musulmanes en los Santos Lugares debido a las persecuciones que sufrían los cristianos, el culto pasó a Europa. El 16 de julio de 1251 esta Virgen se le apareció al prior de los carmelitas, Simón Stock, entregándole un escapulario y prometiéndole llevar al cielo a quien lo hubiera vestido toda su vida.

Oración

¡Oh Virgen Santísima Inmaculada, belleza y esplendor del Carmen! Vos, que miráis con ojos de particular bondad al que viste vuestro bendito escapulario, miradme benignamente y cubridme con el manto de vuestra maternal protección [...]. Asistidme en vida, consoladme cuando muera con vuestra amabilísima presencia, y presentadme a la augustísima Trinidad como hijo y siervo devoto vuestro [...]. Amén.

Nuestra Señora de los Ángeles

Patrona de Costa Rica
Fiesta el 2 de agosto

Eel 2 de agosto de 1635, la joven Juana Pereira, de la provincia de Cartago en Costa Rica, salió a buscar leña. Sobre una piedra que estaba junto a un manantial, encontró una pequeña figura, de unos 20 cm, que representaba a una mujer con un niño en los brazos; la llevó a su casa y la guardó. Al día siguiente salió nuevamente a buscar leña y, sobre la misma piedra, se hallaba una imagen igual que la que había encontrado el día anterior. La joven la recogió y la llevó a su casa para guardarla junto a la otra, pero al ir a buscarla, descubrió que ya no estaba.

Cuando a la mañana siguiente fue a por leña, le volvió a suceder lo mismo de modo que, asustada y sin encontrar explicación al suceso, corrió a casa del cura para llevarle a él la imagen y relatarle lo sucedido. Este tomó figura y, sin darle mayor importancia, la guardó en una caja. Todo hubiera quedado ahí de no ser porque cuando el párroco abrió después la caja, esta estaba vacía y la imagen fue hallada por Juana Pereira sobre la misma roca que en las anteriores ocasiones. Comprendieron que Ella quería quedarse en ese lugar y erigieron una ermita junto al manantial. El nombre de Nuestra Señora de los Ángeles se le puso por el día 2 de agosto, fecha de la primera aparición.

Oración

¡Oh Soberana Reina de los Ángeles!, Madre amorosísima que te dignaste escoger a nuestra amada patria para que fuera el trono de tus misericordias, te damos gracias por los innumerables beneficios recibidos de tu intercesión poderosa y te suplicamos que nos protejas en todos los momentos de nuestra vida [...].

Nuestra Señora de África

En el siglo IV había en Argelia más de 600 obispos católicos; de hecho, San Agustín era oriundo de esa tierra. Sin embargo, a partir del siglo VII los árabes impusieron la religión islámica y, desde entonces, la presencia de católicos en el lugar disminuyó. En 1846, el obispo Monseñor Pavy había fundado en Argelia centros de caridad y dos mujeres francesas, Margarita Bergezio y Anna Cuiquien decidieron seguirle y colaborar con él. Al llegar al lugar al que habían sido destinadas, observaron que allí no había ningún santuario dedicado a la Virgen, por ello decidieron colocar una pequeña estatua de Nuestra Señora en el hueco de un olivo, en las cercanías de Argel, la capital.

Poco a poco fueron llegando devotos peregrinos que, con sus aportaciones, hicieron posible que las dos mujeres construyeran en 1857 una pequeña capilla sobre un promontorio junto al mar. Desde entonces, hasta él llegan millares de peregrinos que acuden para dar las gracias o pedir favores y, lo más importante y curioso es que, entre ellos, hay muchos musulmanes que, en lengua árabe, la llaman Lalla Mariam.

Oración

Santa María, Madre de Dios, Protectora de África,
Tú has dado al mundo la luz verdadera, Jesucristo.
Por tu obediencia al padre y por la gracia del Espíritu Santo
Nos has dado la fuente de nuestra reconciliación y de nuestra justicia,
Jesucristo, nuestra paz y nuestra alegría [...].

N^TRA S^RA DE AFRICA
- PATRONA DE CEUTA -

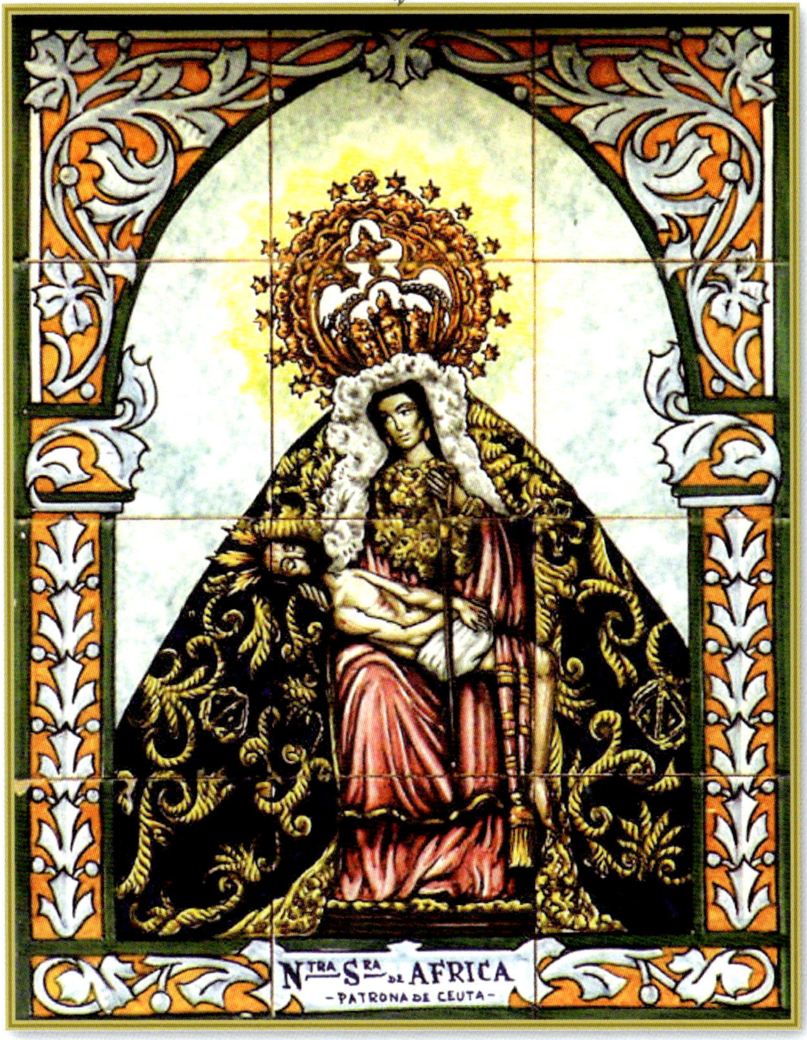

Nuestra Señora de la Asunción de Gozo

Patrona de Malta

Fiesta el 15 de agosto

El origen de la devoción, también conocida por el nombre de Nuestra Señora de Ta Pinu, es incierto. La capilla era propiedad de la familia Gentile, pero en 1585 pasó a manos de Phillip Gauci, Pinu, y de ahí su nombre. Cuando Pinu se hizo cargo de ella, estaba en muy mal estado, pero proveyó los fondos para restaurarla y encargó una imagen de la Asunción de María para el altar.

El 22 de junio de 1883 una mujer muy devota, de unos 40 años, llamada Karmela Grima, volvía a su casa de los campos y, al pasar junto a la iglesia, oyó una voz femenina que la llamaba: «Recita tres Avemarías por los tres días que mi cuerpo ha permanecido en la tumba». Poco después, Karmela cayó enferma y durante un año permaneció en cama. Ella no confió a nadie lo que le había ocurrido hasta dos años después, y lo hizo a un amigo llamado Francesco Portelli. A él le había sucedido algo parecido en la iglesia y más o menos por la misma época. Según le relató, una voz femenina le había dicho que rezara en honor de la herida oculta que había recibido Jesús mientras portaba la cruz. La nueva iglesia se terminó en 1932 y el Papa Pío XI le concedió la dignidad de Basílica Menor.

Oración

¡Oh bendita entre todas las mujeres, que vences en pureza a los ángeles, que superas a los santos en piedad! Mi espíritu moribundo aspira a una mirada de tu gran benignidad, pero se avergüenza al espectro de tan hermoso brillo. ¡Oh Señora mía!

Nuestra Señora de la Asunción de Hostyn

Patrona de la República Checa
Fiesta el 15 de agosto

Hacia 1241, una de las regiones afectadas por sus incursiones turcas fue el pueblo moravo de Bystrice, en la República Checa; un lugar con frondosa vegetación, próximo al monte Hostyn. Sus habitantes decidieron subir al monte y refugiarse tras la empalizada que allí, en el siglo II a.C., los celtas habían construido para vigilar desde lo alto la importante ruta comercial de ámbar que iba camino al mar Báltico.

Hombres, mujeres y niños subieron por la ladera llevando consigo provisiones en su intento de escapar de los turcos, quienes les persiguieron hasta la cima y allí tuvieron que soportar la lluvia de piedras que los habitantes les lanzaban desde su refugio; entonces decidieron sitiarles. Las provisiones resultaron suficientes, pero el agobiante calor hizo que el agua se acabara antes de lo previsto. Desesperados al ver su inminente fin, se pusieron de rodillas y se encomendaron a la Virgen pidiéndole agua y Ella escuchó sus súplicas y en lo alto de la colina brotó un manantial. Al poco tiempo se acabó el alimento. Nuevamente rogaron a la Virgen que les ayudase y el resultado fue una terrible tormenta que estalló de repente. Los turcos cayeron fulminados por los rayos.

Como agradecimiento, los pobladores de Bystrice levantaron en la cima del monte Hostyn una iglesia consagrada a la Virgen que se convirtió en centro de peregrinaje. La imagen que la preside es la de Nuestra Señora, con el Niño en brazos. Este, de tamaño natural, está echando rayos a los turcos que están representados más abajo. Los principales propagadores de esta advocación fueron los santos Cirilo y Metodio, que convirtieron a muchos paganos del entorno.

Oración

¡Oh Virgen Inmaculada, Madre de Dios y Madre de los Hombres!, nosotros creemos con todo el ardor de nuestra fe vuestra Asunción triunfal en cuerpo y alma a los cielos, donde sois aclamada Reina de todos los coros de los ángeles y de todos los escuadrones de los santos [...]. Que vuestros labios sonrían a nuestros gozos y nuestras victorias; que vos oigáis la voz de Jesús deciros de cada uno de nosotros, como en otro tiempo del discípulo amado: «Ve ahí a tu hijo».

Virgen María de Egipto

Venerada en Egipto
Fiesta el 15 de agosto

En Egipto existen unas 160 iglesias dedicadas a la Virgen. La tierra egipcia fue adonde huyó la Santa Familia, por lo que desde entonces existe una fuerte tradición de veneración. La fiesta de la Asunción es la más popular de Egipto. Es la Iglesia copta la que se encarga de mantener dicha veneración: en su calendario están previstas hasta 30 fiestas dedicadas a la Virgen María.

Existen varias imágenes marianas que la Iglesia copta aprueba. El más venerado es el icono que se encuentra en la iglesia de Al-Muallaqa, también conocida como la Iglesia Colgante o Iglesia de Santa María Virgen de El Cairo que sigue atrayendo a muchos fieles. Pero el lugar más destacado de peregrinación mariana es el monasterio de Santa Catalina, en la península del Sinaí. Allí se conserva el zarzal ardiente, que es imagen para los cristianos de la maternidad divina de María. Además de la devoción que despierta, este lugar mandado construir por el emperador Justiniano es Patrimonio de la Humanidad.

Oración

Bajo tu amparo nos acogemos,
santa Madre de Dios; no deseches las súplicas
que te dirigimos en nuestras necesidades,
Antes bien, líbranos de todo peligro,
¡oh, siempre Virgen, gloriosa y bendita!

Nuestra Señora de Beauraing
o Virgen del Corazón de Oro

Venerada en Bélgica
Fiesta el 22 de agosto

Al final de la Primera Guerra Mundial, en la pequeña localidad de Beauraing, en Bélgica, cinco niños vieron a la Virgen María en 33 ocasiones. Los pequeños pertenecían a dos familias: Gilberto y Andrea Degeimbe, de 9 y 14 años, y Fernanda, Gilberta y Alberto de 15, 13 y 11 años, respectivamente. El 29 de noviembre de 1932 los cuatro niños mayores fueron a recoger al convento a Gilberto, el más pequeño, y se quedaron jugando en la puerta. Entonces vieron que en el puente estaba Ella, como flotando sobre una nube. Cuando pudo salir de su asombro y confirmar lo que había dicho Alberto, sus amigas le respondieron que lo que estaban viendo sería el efecto de las luces de un coche en la carretera, pero el niño insistió tanto que por curiosidad miraron y vieron a Nuestra Señora rodeada por un blanco resplandor. Asustados, llorando, empezaron a golpear las puertas del convento y cuando le contaron lo sucedido a la monja que las abrió, esta miró en la dirección que los niños le indicaban, pero no pudo ver nada.

Mientras, en el pueblo se había corrido la voz y muchos insistían en preguntarles qué les había dicho la Virgen. Muchos se burlaban de ellos o les trataban de embusteros. Al cuarto día, 2 de diciembre, cuando Nuestra Señora apareció le preguntaron si era la Virgen Inmaculada, a lo que Ella asintió con la cabeza y extendió los brazos. También les dijo: «Sed siempre buenos». El 3 de enero hizo su última aparición, en medio de una multitud que había acudido a presenciar el hecho.

Oración

Nuestra Señora de Beauraing, Virgen Inmaculada, lleva a tu Hijo Jesús todas las intenciones que nosotros te confiamos ahora [...]. Tú que prometiste convertir a los pecadores, haznos descubrir la misericordia infinita de nuestro Dios. Haz que cada instante de nuestra existencia sea un sí a la pregunta que tú nos haces hoy: «¿Amas a mi Hijo? ¿Me amas a mí?». Entonces, el Reino de Jesús vendrá al mundo.

Inmaculado Corazón de María

Patrona de Angola
Fiesta el 22 de agosto

La devoción del Inmaculado Corazón de María está estechamente relacionada con las apariciones de Nuestra Señora a tres pastorcillos en Fátima, Portugal. En la tercera visita que la Virgen hizo a estos videntes, dijo a uno de ellos, Lucía Dos Santos: «Nuestro Señor quiere que se establezca en el mundo la devoción al Corazón Inmaculado. Si se hace lo que te digo, se salvarán muchas almas y habrá paz; terminará la guerra... Quiero que se consagre el mundo a mi Corazón Inmaculado y que en reparación se comulgue el primer sábado de cada mes... Si se cumplen mis peticiones, Rusia se convertirá y habrá paz... Al final triunfará mi Corazón Inmaculado y la humanidad disfrutará de una era de paz». Sin embargo, esta advocación es más antigua ya que ha sido iniciada por San Juan Eudes, un sacerdote misionero francés del siglo XVII. Los padres eudistas, cuya congregación fue también fundada por San Juan Eudes, difundieron el culto al Inmaculado Corazón de María en los cinco continentes. En tiempos de la Revolución Francesa la Orden fue suprimida, pero fue reconstituida en 1826.

Oración

¡Oh, Virgen mía, Madre mía!, yo me ofrezco enteramente a tu Inmaculado Corazón
y te consagro mi cuerpo y mi alma, mis pensamientos y mis acciones.
Quiero ser como tú quieres que sea, hacer lo que tú quieres que haga.
No temo, pues siempre estás conmigo.
Ayúdame a amar a tu hijo Jesús, con todo mi corazón
y sobre todas las cosas.
Pon mi mano en la tuya para que esté siempre contigo. Amén.

Virgen de Torreciudad

Venerada en Aragón (España)
Fiesta el domingo posterior a la Asunción de la Virgen

En medio de los Pirineos, sumido en la paz de un hermoso entorno natural, en el siglo XI se levantó un santuario en el cual se veneraba una imagen negra de Nuestra Señora, similar a la de la Virgen de Montserrat. Cuenta la tradición que se les apareció a unos leñadores de Bolturina, pueblo cercano a Torreciudad, y que les declaró su ferviente deseo de tener allí un santuario.

Hay una anécdota que relaciona a esta Virgen con José María Escrivá de Balaguer, fundador del Opus Dei. Cuando él contaba dos años de edad, cayó gravemente enfermo y su madre, que era muy devota de esta advocación, encomendó el niño a Nuestra Señora y su curación fue inmediata.

Con el paso del tiempo, la devoción fue decayendo; entre otras cosas porque el acceso al santuario era difícil. En la actualidad, un grupo de hombres procedentes de cada uno de los reinos que componen la corona de Aragón (Aragón, Cataluña, Valencia y Mallorca), que han decidido devolver al lugar su antiguo esplendor, crearon un enorme complejo que incluye un templo, varias casas de ejercicios espirituales, hosterías para peregrinos, centros de formación religiosa, etc. En su fiesta se celebra el tradicional pesaje y presentación de los recién nacidos a la Virgen.

Oración

Vigilante estás Tú, Dulce María, silenciosa siempre a nuestro lado, cuidando nuestro camino y sacando las piedras que hay a nuestro paso. Nunca salgas de nuestra vida Virgen mía, perdidos estaremos si no tenemos tu guía. Amén.

Madre de Dios de Czestochowska

Patrona de Polonia
Fiesta el 26 de agosto

Según cuenta la leyenda, tras la crucifixión de Nuestro Señor, la Virgen fue a vivir a casa de San Juan y allí llevó unos cuantos objetos personales; entre otros, una mesa que su Hijo había hecho en la carpintería de su padre. Las mujeres piadosas le pidieron a San Lucas que le hiciera un retrato y para ello el apóstol empleó el tablero de la mesa. Mientras duró su trabajo, escuchó con atención todo lo que María le contaba de su Hijo y así dio cuerpo a su Evangelio.

Hacia el siglo XI la imagen pasó a manos de San Ladislao, rey de Hungría, quien la colocó en su palacio de Belz. Cuando el castillo fue asediado por los turcos, una flecha entró por una de las ventanas de la capilla haciendo un rasguño en la garganta de la Virgen. Para salvarla de la posible destrucción, San Ladislao ordenó llevarla a Opala, en su Polonia natal. Quienes la portaban decidieron pasar la noche en Czestochowska y depositar la pintura en una pequeña capilla situada en Jasna Gora para que los fieles del lugar pudieran venerarla. El 15 de septiembre de 1920 dispersó los ejércitos invasores rusos apareciendo en una nube sobre en el río Vístula.

Oración

Tú eres María la experiencia más bella del Evangelio. Eres como la luz del alba que abre camino al Sol. Mi corazón joven se alegra ante tu presencia luminosa [...]. Gracias, María, por tu corazón de sonrisa tierna y pura. Gracias, María, por tu corazón sencillo y humilde. Gracias, María, Virgen generosa. Amén.

SUB TVVM PRÆSIDIUM

FAVRET

Virgen de las Lágrimas de Siracusa

Venerada en Italia
Fiesta el 31 de agosto

En Siracusa, un pueblecito de Sicilia, Italia, vivía un matrimonio, Antonina y Ángelo. Como eran muy pobres, fueron a vivir con el padre y el hermano de Ángelo. Antonina estaba embarazada y sufrió una ceguera momentánea. Como certificaron los médicos, la joven padecía una severa toxemia que era la causante de ese síntoma. Pese a las burlas de su marido, cuando perdía la visión se encomendaba a la Virgen poniéndose delante de una placa de yeso con una imagen que le habían regalado el día de su boda. El 25 de agosto de 1953 Antonina sufrió horribles dolores que la dejaron postrada. Se puso a rezar a la Virgen que estaba en el cabecero de su cama y, cuando abrió los ojos ya restablecida, vio que la imagen estaba llorando. Emocionada, llamó a su familia diciéndoles lo que había visto pero, hasta que ellos mismos no se acercaron, atribuyeron las lágrimas que la muchacha veía a una alucinación. La imagen estuvo llorando durante cuatro días, desde el 29 de agosto hasta el 1 de septiembre. Las lágrimas caían sobre la cama. Antonina las limpiaba, primero con pañuelos y, finalmente, con trozos de algodón. Al quinto día la joven estaba totalmente curada y dio a luz a un niño sano.

Durante los días en que la imagen lloraba, la casa fue visitada por tres sacerdotes que certificaron el hecho; luego llegaron otros investigadores para atestiguar el fenómeno, tomando muestras de las lágrimas para analizarlas y comprobaron que tenían la misma composición química que las lágrimas humanas. Los trozos de algodón que había usado Antonina se repartieron en diferentes lugares del mundo en los cuales hubo curas milagrosas. Hoy se encuentra en un santuario que se construyó posteriormente y a él acuden peregrinos en busca de ayuda o consuelo.

Oración

Virgen de las Lágrimas, socórrenos: con la luz que irradia de tu Bondad, con el consuelo que brota de tu Corazón, con la paz, tú que eres reina de la paz.

Con toda confianza, te presentamos nuestra súplica: aquí están nuestras penas para que nos consueles, nuestros cuerpos para que los sanes, nuestros corazones para que los llenes de contrición y caridad, y nuestras almas para que obtengas su salvación [...].

Madre de la Buena Salud

En el siglo XVI, en la localidad india de Vailankanni, un niño fue encomendado para que llevara leche a la casa de un señor. A mitad de camino, se sentó a descansar debajo de un árbol y se le apareció una Señora que le pidió un poco de leche para el Niño que llevaba en brazos. El pequeño se la dio y, al llegar a casa del cliente, comprobaron que la cantidad era la solicitada y que no faltaba nada. Este hombre, extrañado por el suceso, pidió al niño que le llevara al lugar donde había visto a la Señora y, al llegar, la Virgen nuevamente se les apareció.

Años más tarde, en el mismo pueblo ocurrió otro hecho milagroso similar al anterior. En las afueras de Vailankanni había un niño tullido que vendía suero de leche cerca de la plaza. Cierto día, se le apareció la Virgen y le pidió leche para su Hijo. Además, le pidió que informara de su aparición a un católico rico que vivía en la localidad. Dispuesto a cumplir con el encargo, el pequeño tullido empezó a caminar en dirección a la casa del rico, sin darse cuenta de que su pierna había sanado. Al llegar y comentar lo ocurrido, el hombre le confesó que la noche anterior él también había tenido una visión; el hombre construyó una modesta capilla con el techo de paja que llegó a ser un lugar donde los habitantes de la comarca veneraron a la Virgen bajo el nombre de Madre de la Buena Salud (Arokia Matha, en la lengua local).

En el siglo XVII, por intermediación de Nuestra Señora, varios marinos portugueses que habían naufragado pudieron salvar su vida. Al llegar a las costas de Vailankanni construyeron una capilla con mejores materiales y, junto con otros marinos, poco a poco la fueron mejorando. También instituyeron como fiesta de la Madre de la Buena Salud o Virgen de Vailankanni el día 8 de septiembre.

Oración

Santísima Virgen María, Madre de Dios y Madre de la Salud, hoy nosotros
venimos hacia ti, plenamente confiados en tu corazón maternal.
Hoy consagramos nuestras obras y sacrificios, todo lo que poseemos y lo que
somos. Reina sobre nosotros queridísima Madre, para que podamos estar en la
prosperidad y en la adversidad, en la alegría y en la tristeza,
en la salud y en la enfermedad. Amén.

Madre de Dios de la Misericordia

Patrona de Lituania
Fiesta el 8 de septiembre

La ciudad de Vilna, en Lituania, está rodeada por una muralla que tiene nueve puertas. La llamada Puerta del Amanecer, que es la más importante ya que en ella se recibían las personalidades que venían de otras ciudades, se construyó a principios del siglo XVI. Por entonces existía la costumbre de poner imágenes en los huecos de las torres que estaban sobre las puertas; en la del Amanecer, se colocó un cuadro de la Virgen María con el Niño Jesús en brazos. La imagen en sí no llamaba mucho la atención, pero a partir del año 1626, junto a la Puerta del Amanecer se levantó un monasterio de carmelitas descalzos y uno de los monjes construyó, alrededor de la Virgen, una pequeña capilla de madera, con unos escalones para que los fieles subieran a rezarle. Gracias a ello, la Madre de Dios de la Misericordia empezó a ser conocida y venerada en la comarca.

Aunque la capilla se quemó en un incendio, la imagen pudo ser salvada y guardada en la Iglesia de Santa Teresa mientras se construía una nueva capilla, esta vez de ladrillo. Cuando en 1799 las autoridades rusas ordenaron destruir todas las puertas y murallas de Vilma, la del Amanecer, con su Virgen, quedó intacta.

Oración

¡Oh Madre de Piedad y de Misericordia, Santísima Virgen María!
Yo, miserable e indigno pecador, en ti confío con todo mi corazón y afecto; y acudo a
tu piedad, para que, así como estuviste junto a tu dulcísimo Hijo pendiente de la cruz,
también estés junto a mí [...].

Nuestra Señora de Covadonga

Patrona de Asturias (España)
Fiesta el 8 de septiembre

A comienzos del siglo VIII, la zona norte de España estaba ocupada por los musulmanes, quienes eran dirigidos desde Gijón por un bereber llamado Munuza. Hacia el año 718, los dirigentes astures se reunieron en Cangas de Onís con don Pelayo y decidieron rescatar esas tierras de las manos de los infieles. Cierto día don Pelayo estaba persiguiendo a un malhechor por uno de los angostos y quebrados valles de la zona hasta que este penetró en una cueva. Don Pelayo lo siguió al interior y allí se encontró con un ermitaño que oraba frente a un altar presidido por una imagen de Nuestra Señora. El ermitaño pidió a Pelayo que, en honor a la Virgen, y ya que el malhechor se había encomendado a ella, le perdonara la vida. Pelayo así lo hizo y el anciano le auguró que él sería quien salvaría a España.

Durante los enfrentamientos con los musulmanes, llegó un momento en el cual las tropas cristianas se encerraron en la cueva donde estaba la imagen de la Virgen. Allí se alimentaron con la miel de las abejas silvestres cuyos panales aún hoy cuelgan de las hendiduras de la roca.

Al llegar los musulmanes frente a la abertura, enviaron al Arzobispo Opas, un traidor, a que parlamentara con Pelayo a fin de que se entregara, pero este se negó y el musulmán ordenó avanzar a sus arqueros y honderos. Dicen las crónicas que los cristianos no cesaban de encomendarse y rogar ante la imagen de la Virgen que estaba en la cueva y que, cuando las tropas mahometanas cargaron, las piedras y las flechas que lanzaban contra los hombres de Pelayo se volvían contra ellos en densas nubes, dándoles muerte. La batalla de Covadonga finalmente terminó en victoria.

Oración

Bendita la Reina de nuestra montaña que tiene por
trono la cuna de España y brilla en la altura más bella
que el Sol. Es Madre y es Reina, venid peregrinos
que ante ella se aspiran amores divinos y en ella está
el alma del pueblo español.
Dios te salve Reina y Madre del pueblo
que te corona [...].

Nuestra Señora de la Caridad del Cobre

Patrona de Cuba
Fiesta el 8 de septiembre

Hacia 1612, tres esclavos que trabajaban en las minas de cobre próximas a la Bahía de Nipe, en Cuba, decidieron que aprovechando el buen tiempo y la mar en calma irían hasta la salina en busca de sal. Dos de ellos, Juan y Rodrigo de Hoyos, eran indios y hermanos; el tercero, Juan Moreno, era un niño negro de diez años. A poco de salir con su canoa vieron sobre las olas algo extraño que, a primera vista, les pareció un pájaro cubierto con unas ramas secas; sin embargo, al acercarse, comprobaron que era una estatuilla que representaba a una mujer con un niño en brazos que se balanceaba erguida sobre una tabla. Al sacarla del agua, leyeron en la tablilla esta inscripción: «Yo soy la Virgen de la Caridad». Y curiosamente, a pesar de estar en el agua, sus ropajes estaban secos. Llevaron la imagen al Hato de Barajagua e hicieron saber del hallazgo al capitán Sánchez de Moya, quien ordenó levantar una casa para colocarla en ella. Y para que a la Virgen nunca le faltara luz, les envió una lámpara de cobre.

Cierta noche, el indio Rodrigo de Hoyos, que era quien cuidaba que la lámpara estuviera siempre encendida, se acercó a la casa y comprobó que la Virgen no estaba en su altar. Avisó al mayoral y a los vecinos y, por mucho que la buscaron, no apareció. A la mañana siguiente Rodrigo volvió al lugar y al llegar, vio que la imagen estaba allí, con sus vestidos completamente mojados. Mientras los vecinos del lugar decidían el lugar en el que se debía levantar dicho santuario, aparecieron durante tres noches consecutivas tres luces en el cielo, sobre el cerro de la mina y en dirección a la fuente, señal que se interpretó como voluntad de la Virgen de permanecer en ese lugar.

Oración

¡Oh Señora mía!, Santa
María, hoy y todos los días y
en la hora de mi muerte, me
encomiendo a tu bendita
fidelidad y singular custodia,
y pongo en el seno de tu
misericordia mi alma y mi
cuerpo; te recomiendo toda mi
esperanza y mi consuelo,
todas mis angustias y
miserias, mi vida y el fin de
ella. Amén.

Nuestra Señora de la Franqueira

Patrona de Galicia (España)
Fiesta el 8 de septiembre

La advocación de Nuestra Señora de la Franqueira es muy antigua y está representada con una imagen esculpida en piedra que muestra a la Santísima Virgen portando al Niño Jesús en sus brazos. Esta escultura ha sido posteriormente policromada, de manera que hoy su vestido y su manto, así como la túnica del Niño, lucen colores intensos y oscuros.

Según cuenta la tradición, en una cueva de la localidad llamada O Coto da Vella, apareció milagrosamente la imagen de la Virgen. Acudieron al lugar los feligreses y sacerdotes de las dos parroquias cercanas y, como es natural, ambos querían colocarla en sus altares. Tras discutir largamente sobre el tema, optaron por hacer que la misma Virgen lo solucionara. Para ello subieron la imagen a un carro tirado por bueyes, taparon la cabeza de los animales y convinieron que en el lugar donde se detuvieran, fuera en una parroquia o en otra, iban a colocar la bella imagen.

Los animales echaron a andar y finalmente se inmovilizaron en un lugar en el que había una fuente; dicho sitio pertenecía a la feligresía de la Franqueira. Se levantó en dicho lugar una ermita y, en un principio, a la imagen se la llamó Virgen de la Fuente. Posteriormente, los monjes benedictinos construyeron un santuario que pasó a ser la iglesia parroquial de Nuestra Señora de la Franqueira.

Oración

Madre del Redentor, Virgen fecunda,
Puerta del cielo siempre abierta, estrella del mar,
Ven a salvar al pueblo que tropieza y se quiere levantar.
Ante la admiración del cielo y de la tierra,
Has concebido a tu Santo Creador,
Permaneciendo siempre virgen.
Recibe el saludo del ángel Gabriel.

Nuestra Señora de la Victoria

Patrona de Málaga y de Melilla (España)
Fiesta el 8 de septiembre

En el año 1487 los Reyes Católicos sitiaron la ciudad de Málaga, en poder de los musulmanes. Pero a pesar de los largos meses de asedio, la ciudad no se rendía. La situación se tornaba cada vez más angustiosa para las tropas cristianas ya que la Corte y la misma población recomendaban abandonar el sitio. Según documentos de la época, el rey Fernando se retiró a sus aposentos para descansar antes de dar una orden tan dolorosa. Tenía una bellísima imagen de Santa María de la Victoria, regalo que el Emperador Maximiliano había enviado a los reyes desde Flandes para que sirviera de ayuda a las tropas cristianas. Mientras dormía, en sueños vio que la imagen empezaba a moverse, que cobraba vida. A los pies de Nuestra Señora, se encontraba un fraile anciano, de barba larga y blanca, que le rogaba a la Virgen que las tropas cristianas pudieran conquistar la ciudad.

A la mañana siguiente, mientras estaba comentando el sueño con sus ayudantes, vieron cómo se acercaban unos frailes que tenían un aspecto similar al del monje que el rey había visto en su sueño. Esta coincidencia fue interpretada como una profecía. A los tres días de estos hechos, el 15 de agosto de 1487, la ciudad de Málaga pasó a manos cristianas. La imagen de Santa María de la Victoria es de autor alemán desconocido y fue realizada en el siglo XV. Son muchos los milagros atribuidos a Santa María de la Victoria. Hoy la imagen se venera en la iglesia que lleva su nombre.

Oración

¡Oh Señora mía! ¡Oh Madre mía! Yo me entrego del todo a Vos y en prueba de mi filial afecto os consagro en este día, mis ojos, mis oídos, mi lengua, mi corazón; en una palabra, todo mi ser. Ya que soy todo vuestro ¡Oh Madre de bondad!, guardadme y defendedme como cosa y posesión Vuestra. Amén.

Nuestra Señora de Nuria

Patrona de Urgel (Lérida, España)
Fiesta el 8 de septiembre

Cuenta la leyenda que en el siglo VIII, entre los reyes visigodos don Rodrigo y Witiza había una abierta hostilidad. Este último no dudó en aliarse con los judíos asentados en el reino. Para complacerles, inició una gran persecución en contra de los cristianos. San Gil, temeroso de que una imagen sagrada de Nuestra Señora cayera en manos infieles, la escondió en una cueva junto a una cruz, una campana y una olla. En el año 1074 el caballero Amadeo de Dalmacia tuvo, en su ciudad, un sueño en el que un ángel le describió un lugar en el que había una piedra blanca.

Habiéndose internado en el Valle de Anúria (Nuria), provincia de Gerona, encontró el sitio que vio en sueños y comunicó la noticia a unos pastores. Estos cavaron en el lugar señalado y allí apareció una cueva. También cuenta la tradición que de la cueva salía un resplandor y, cuando entraron en ella, vieron allí la talla de Nuestra Señora junto a una olla y una campana. En ese lugar se edificó en el siglo XI un primer santuario, pero su culto se extendió de tal manera que, en el siglo XVII fue necesario hacer otro de mayor tamaño. Posteriormente, en el siglo XIX se volvió a ampliar y es en este lugar donde hoy se puede contemplar la imagen.

Oración

¡Qué bien está María en la montaña de Nuria! ¡Qué bien está la castidad allí donde no la ofusca el aliento del mundo, ni contamina el contacto humano! [...] ¡Oh María!, vendré aquí en busca de todas las virtudes, en especial la castidad, el amor de Dios y sus alabanzas. Amén.

Virgen de la Salud de Xirivella

Patrona de Xirivella (Valencia, España)
Fiesta el 8 de septiembre

Según la tradición, la imagen de la Virgen de la Salud de Xirivella fue encontrada debajo de una campana, en un olivar a finales del siglo XVI o principios del XVII. En esa época fueron halladas en diferentes lugares de Valencia muchas tallas o cuadros de la Virgen que habían sido enterradas en siglos anteriores para preservarlas de los destrozos que infligían los musulmanes a los centros católicos.

En el caso de la Virgen de Xirivella, se sabe que en 1604 se construyó una ermita en el lugar donde fue encontrada y aún hoy se conserva en su sótano un pozo de 3 m de profundidad donde estuvo la escultura. La imagen, hecha en terracota, no apareció completa: estaba cortada a la altura de las rodillas. Sobre un brazo sostiene al Niño Jesús y en la otra mano lleva una azucena, símbolo de pureza.

Antiguamente, esta imagen tenía por nombre Mare de Deu de Xirivella pero, tras la protección que la Virgen brindó en dos epidemias que azotaron la región, una de peste bubónica en el siglo XVII y otra de cólera en el siglo XIX, pasó a ser conocida con el nombre de Mare de Deu de la Salut (Madre de Dios de la Salud).

Oración

[...] Preñada espiga gozáis en Belén divino grano
y ahora por vuestra mano a Xirivella lo dais:
de bienes eternos vena sois, para el que en vos confía.
¡Oh Virgen de Gracia llena, Madre de Salud, María!

Nuestra Señora de Aranzazu

Patrona de Guipúzcoa (España)
Fiesta el 9 de septiembre

El historiador español Esteban Garibay, bibliotecario y cronista de Felipe II, nacido en tierras vascas en el año 1535, en su monumental obra histórica cuenta cómo se produjo el hallazgo de esta Virgen y da cuenta de las peregrinaciones que acudían entonces al santuario debido a los muchos milagros que en él se producían.

En el año 1469, el joven pastor Rodrigo de Balzátegui, recorría la zona próxima a la Villa de Oñate, en Guipúzcoa, para reunir sus ovejas. En las estribaciones de la montaña Aloña vio, de repente, un objeto que, por su blancura, destacaba entre los matorrales. Se acercó a él y comprobó que era una imagen de la Virgen María, tallada en la piedra de la región. Sorprendido exclamó en su lengua natal: «¡*Arantza Zu!*, ¡*Arantza Zu!*», que en euskera significa: «¡Tú entre los espinos!».

En ese lugar se construyó primero un santuario, que fue visitado no solo por los habitantes de la comarca, sino también por grandes personalidades, entre las que cabe destacar la de San Ignacio de Loyola. Posteriormente, los monjes franciscanos edificaron una pequeña iglesia y allí fue puesta la imagen encontrada por el pastor. En el año 1952 se comenzó la construcción de la actual basílica.

Oración

Santa María de Aranzazu, Poderosa Reina de los cielos, arranca las espinas de nuestras vidas; aleja el pecado de las mismas. Danos el gozo de la Gracia de tu Hijo. Amén.

Nuestra Señora de los Dolores

Fiesta el 15 de septiembre

Patrona de Cajamarca (Perú) y Maracena y Alomartes (Granada, España)

Esta advocación, también conocida con el nombre de Nuestra Señora de la Soledad, representa a María al pie de la cruz, sufriendo el infinito dolor de la muerte de su Hijo. Se la considera la nueva Eva que, uniéndose a los padecimientos de Jesús, hace posible nuestra la salvación, mereciendo por ello el título de Corredentora. El hecho de haber aceptado ser la Madre del Salvador impuso un grandísimo sufrimiento a María. Desde los primeros años de la vida de Jesús ha tenido que afrontar muchas penalidades. Su fortaleza ante estas difíciles circunstancias constituye para los cristianos un modelo de fe en el Señor, de amor y de entrega.

Uno de los primeros indicios de esta advocación data del año 1011, cuando se fundó en Herford un oratorio dedicado a Santa María al pie de la Cruz (*Santa Mariæ ad Crucem*). A partir del siglo XIII es cuando comienza a difundirse esta devoción que a principios del siglo XIV es conocida como la Devoción a los Siete Dolores:

1. La profecía que le hace San Simeón cuando va al templo a purificarse y a presentar al Niño Jesús: «Este Niño está puesto para ruina y resurrección de muchos de Israel, y una espada traspasará tu alma»;
2. La persecución de Herodes y la huida a Egipto;
3. Jesús se pierde en el templo durante tres días.
4. El encuentro con Jesús cargando con la cruz, camino del Gólgota.
5. La crucifixión y muerte de Nuestro Señor.
6. La recepción del cuerpo de Jesús cuando es bajado de la cruz;
7. La sepultura de su Hijo.

Oración

María, Tú que has pasado por un dolor tan grande y un sufrimiento tan profundo, ayúdanos a seguir tu ejemplo ante las dificultades de nuestra propia vida. Amén.

Nuestra Señora de la Merced

Patrona de Barcelona (España)
Fiesta el 24 de septiembre

Esta advocación, cuyo nombre significa misericordia, es también patrona de los cautivos. Su culto comienza en el siglo XIII, en un momento en el que los ejércitos musulmanes prendían a los cristianos y los llevaban al norte de África para hacerlos trabajar como esclavos o para mantenerlos prisioneros en sus mazmorras.

Cierto día, estaba San Pedro Nolasco rezando en la Catedral de Barcelona, pidiéndole a Dios misericordia y ayuda para todos los cristianos que, día tras día, eran apresados, cuando se le apareció Nuestra Señora y le dijo que fundara una orden dedicada a la liberación de los prisioneros. Él le preguntó quién era y Ella respondió: «Yo soy María, aquella en cuyo vientre asumió la carne el Hijo de Dios, tomándola de mi sangre purísima para reconciliación del género humano. Soy aquella a la que dijo Simeón cuando ofrecí mi Hijo en el templo.

Siguiendo el deseo de María, el 10 de agosto de 1218 Pedro Nolasco fundó la Orden de Santa María de la Merced, de la redención de los cautivos, más conocida como los mercedarios. Fieles al mandato de la Virgen, los frailes que ingresaron en ella no solo se limitaron a dar apoyo físico y espiritual a los cautivos de los musulmanes, sino que también, y en numerosas ocasiones, canjearon sus vidas por la de los prisioneros o esclavos. La obra encomendada por Nuestra Señora a Pedro Nolasco no finalizó cuando las guerras con los infieles cesaron; actualmente, siguen prestando auxilio a los cautivos y ayudan a reinsertarse a las personas que salen de la cárcel. La imagen de Nuestra Señora de la Merced que se venera en la Basílica de la Merced, de Barcelona, es una hermosa talla románica del siglo XIV.

Oración

Virgen y Señora nuestra de la Merced, a ti suplicamos que, mediante tu maternal intercesión ante tu hijo Jesucristo, nos alcances la verdadera libertad de los hijos de Dios y nos hagas libres de cualquier esclavitud, de modo que experimentemos en nosotros la alegría de la salvación. Amén.

Nuestra Señora de Walsingham

Venerada en Irlanda
Fiesta el 24 de septiembre

En el año 1061, en una pequeña localidad de Irlanda llamada Walsingham, la Santísima Virgen se le apareció tres veces a la dama local del señorío, la viuda Lady Richeldis de Faverches. Tras bendecirla en nombre de Jesús de Nazaret, le aseguró que todas las generaciones que proclamaran su nombre serían bendecidas y recibirían favores milagrosos desde el cielo. A su vez solicitó a la mujer que en ese lugar se construyera una casa tomando como modelo aquella en la que Ella había vivido en Nazaret. La casa fue edificada y a su alrededor se construyó una iglesia para protegerla de las inclemencias del tiempo.

Durante la Edad Media Walsingham se convirtió en el centro de peregrinaje más importante de Inglaterra. El rey Enrique VIII en tres ocasiones, antes de que abandonara el catolicismo, fue a este santuario. Sin embargo, tras instaurar la Iglesia de Inglaterra, mandó destruir todos los oratorios, santuarios y lugares donde se hicieran prácticas católicas, de modo que tanto la casa como la iglesia de Walsingham fueron arrasadas. La imagen de la Virgen que había en esa casa fue quemada años después. El culto en el lugar desapareció hasta que, en el año 1922, fue asignado a esa parroquia Alfred Hope Patten, predicador perteneciente a la Iglesia anglicana. En sueños vio la imagen de Nuestra Señora y se interesó por la historia del lugar. En el Museo Británico encontró un antiguo sello medieval que en su centro tenía la imagen de Nuestra Señora de Walsingham y mandó realizar una talla según ese modelo. En el año 1931 se reconstruyó la vieja capilla y se edificó una nueva Santa Casa siguiendo las directrices que Nuestra Señora diera a Lady Richeldis; su presencia ha hecho que este lugar sea conocido como «el Loreto inglés». En la actualidad, en Walsingham hay dos santuarios: uno católico y otro anglicano.

Oración

Padre Omnipotente de nuestro Señor Jesucristo, Tú has revelado la belleza de tu poder en exaltar a la humilde Virgen de Nazaret y en hacerle la Madre del Salvador: Que las oraciones de nuestra Señora de Walsingham traigan a Jesús al mundo que le espera y llene los corazones de todo tu pueblo con la presencia de su Niño [...].

Nuestra Señora del Rosario

Patrona de Guatemala y de Cádiz y La Coruña (España)
Fiesta el 7 de octubre

En el año 1208, estando Santo Domingo de Guzmán en una capilla del monasterio de Prouilhe, en Francia, con un rosario en las manos recitando los salmos, se le apareció la Virgen María enseñándole a utilizarlo de la forma en que ha llegado hasta nuestros días y pidiéndole que difundiera su práctica entre los hombres ya que esta sería un arma muy poderosa contra la herejía albigense que azotaba entonces parte de Europa. El santo, fundador de la Orden de los Predicadores, más conocida por el nombre de dominicos, popularizó junto con los frailes de su congregación el uso del rosario entre la gente del pueblo llano y gracias a ello muchos albigenses retornaron a la verdadera fe.

Sin embargo, la fiesta del Rosario tiene su origen en la batalla de Lepanto, llevada a cabo el 7 de octubre de 1571. El motivo de que se instituyera la festividad en ese día, según los papas San Pío V y Gregorio XIII, fue que la Virgen reveló previamente que mediante el rezo del rosario se ganaría la batalla, como así ha sido; por eso se la ha denominado también Nuestra Señora de las Victorias.

Oración

Salve, Señora, santa Reina, santa Madre de Dios María,
que eres virgen hecha Iglesia y elegida por el santísimo Padre del cielo,
consagrada por él con su santísimo Hijo amado
y el Espíritu Santo Paráclito, en la que estuvo y está toda la
plenitud de la gracia y todo bien [...].

Nuestra Señora del Pilar

Patrona de España
Fiesta el 12 de octubre

Según unos documentos del siglo XIII que se conservan en la Catedral de Zaragoza, el apóstol Santiago el Mayor, hermano de San Juan, llegó a España para difundir el evangelio. Tras recorrer varios lugares llegó a la ciudad de Zaragoza, situada a orillas del Ebro. La noche del 2 de enero del año 40, se encontraba con sus discípulos junto al río cuando «oyó voces de ángeles que cantaban Ave, María, gracia plena». Sorprendido, levantó los ojos y vio a la Santísima Virgen de pie sobre un pilar de mármol.

Ella le pidió al apóstol que en ese lugar construyera una iglesia de modo que el pilar sobre el que estaba de pie quedara en su interior. Dicho pilar tiene una altura de 1,20 m y 18 cm de diámetro. De inmediato, Santiago Apóstol y sus ocho discípulos empezaron a construir la iglesia. Poco antes de que estuviera terminada y debido a que tenía que regresar a Judea, ordenó presbítero a uno de sus acompañantes, consagró el templo y le dio el nombre de Santa María del Pilar.

Los milagros realizados por esta advocación son incontables. Ya en 1640 se da testimonio de que un hombre al que años antes habían amputado una pierna cierta noche soñó que visitaba la Iglesia del Pilar y, al despertar, comprobó que la pierna había vuelto a su sitio. De este milagro fueron testigos miles de personas que le conocían y en la iglesia hay un cuadro que rememora el hecho.

El pilar permanece cubierto por mantos bordados, excepto los días 2, 12 y 20 de cada mes en los que se conmemora su aparición.

Oración

Omnipotente y eterno Dios que te dignaste disponer que la sacratísima Virgen María, Madre tuya, entre coros de ángeles sobre esta Columna de mármol, enviada del Cielo, viniera viviendo en carne mortal. Y que esta iglesia fuese edificada para su honra por el protomártir de los Apóstoles, Santiago, y sus discípulos; te suplicamos por sus méritos e intercesión que nos concedas alcancemos fácilmente lo que con toda confianza pedimos [...].

Virgen de Schoenstatt

Movimiento en Paraguay
Fiesta el 18 de octubre

El 18 de octubre de 1914 el Padre Kentenich fundó el movimiento Schoenstatt con un grupo de jóvenes y sellaron un pacto o alianza de amor con la Virgen María, pidiéndole que se estableciese espiritualmente en la capillita que había sido puesta a su disposición y la convirtiese en un lugar de peregrinación. Schoenstatt, literalmente, significa «lugar hermoso», designa un lugar geográfico en la zona oriente de la ciudad alemana de Vallendar, junto a la ribera derecha del Rin, en las proximidades de Coblenza. Está a unos 90 Km al sur de Colonia. Como su centro espiritual (el santuario) y su origen histórico están íntimamente ligados a este lugar, se introdujo en forma natural la designación del movimiento bajo este nombre.

El Santuario, bendecido el 18 de octubre de 1981, está ubicado entre Itagua e Ypacaraí, es el centro espiritual del movimiento en Paraguay y es una verdadera «morada de Dios» que trasmite paz y fuerza espiritual a todos los visitantes. En septiembre de 1997 se bendijo el Santuario Joven de Asunción, dedicado especialmente a los más de 2.000 jóvenes que le dan su espíritu, tienen a su cargo la liturgia y organizan las actividades. Y el de Ciudad del Este, el más nuevo, que fue bendecido en octubre del 2000, simboliza la entrega de las familias del Alto Paraná y su fuerza para llevar adelante la misión tan importante de ayudar en la evangelización de una región de profundos contraluces, como es la triple frontera.

El 18 de octubre concurren a visitar el Santuario Nacional de Tuparendá más de 50.000 peregrinos que desean saludar a la Virgen María llevándole sus pedidos, sus penas y sus ofrendas. Es una de las festividades marianas más importantes de Paraguay, junto a Caacupé. Suelen concurrir visitantes del Movimiento de otros países atraídos por un acto de devoción tan impactante y tan multitudinario.

Oración

Alabanza y gratitud a Ti, compañero de esta jornada. A Ti que realizaste con nosotros
lo que te alegra y regocija. Con nuestras manos, fuiste agregándole a Schoenstatt piedra
tras piedra, a esta Obra que escogió tu bondad para llevar salvación al mundo entero.
Porque nos confiaste tu Obra a nosotros como Esposa del Señor. María, la madre fiel
que nunca nos deja solos, con fuerza nos tuvo en su mano.

Santa María de la Real de la Almudena

Según la tradición, la imagen de la Virgen de la Almudena fue llevada a España por el Apóstol Santiago en su misión evangelizadora. Cuando los árabes conquistaron Madrid, la sagrada imagen fue escondida en un hueco practicado en las murallas de la ciudad para evitar que las tropas invasoras la profanasen. Quienes llevaron a cabo esta tarea pusieron, junto a la Virgen, dos velas encendidas en señal de devoción; luego tapiaron el hueco con una gruesa pared. El rey Alfonso VI conocía la existencia de la imagen así como su destino, pero no había constancia alguna del lugar en el cual había sido ocultada. Hizo el voto solemne de que, si Dios le concedía la victoria sobre los árabes y lograba tomar la ciudad, procuraría encontrarla por todos los medios a fin de despertar y acrecentar la devoción del pueblo por la Virgen. El rey conquistó finalmente la ciudad pero, aunque puso hombres a buscar la imagen, esta continuaba sin aparecer. Sin desistir en su empeño, hizo pintar sobre los muros de la antigua mezquita musulmana una imagen de Nuestra Señora con los rasgos y la ropa que la tradición le atribuía.

Para obtener ayuda divina, organizó una novena y una procesión para que desde el cielo le iluminaran en las pesquisas. El día 9 de noviembre fue el señalado para efectuar la procesión. Cuando la comitiva, encabezada por el mismo Alfonso VI y varias personalidades de la Iglesia, pasó frente a la alhóndiga o *al mudith*, cayeron unas piedras del muro dejando al descubierto a la Virgen que, desde entonces, pasó a llamarse de la Almudena. Cuenta la tradición que aún estaban encendidas las dos velas que se habían puesto 369 años antes.

Oración

Santa María de la
Almudena,
Hija Predilecta del Padre,
Madre entrañable del Hijo
y Esposa del Espíritu
Santo.
Tú eres nuestra Madre y
Patrona [...].
Te pedimos que seas siempre
nuestro auxilio en la
tribulación
y el espejo en quien
mirarnos [...].

Nuestra Señora de los Treinta y Tres

Patrona de Uruguay
Fiesta el segundo domingo de noviembre

A comienzos del siglo XIX, muchos pueblos de América estaban luchando por su independencia. En Uruguay, los ejércitos estaban comandados por 33 hombres, todos ellos católicos y devotos de la Virgen María. Poco después del inicio de su campaña, el 19 de abril de 1825, llegaron a un poblado, Florida, y se dirigieron a la iglesia a orar. En ella había una bellísima imagen de la Asunción, una pequeña talla en madera que había sido esculpida en los talleres que los padres jesuitas tenían en las misiones de Paraguay. Los 33 caudillos se arrodillaron frente a la Virgen y, con toda devoción, se pusieron en sus manos.

El 25 de agosto de ese mismo año se proclamó la independencia y, tras firmar las actas que otorgaban la soberanía, volvieron a la iglesia para dar gracias a la Virgen y rogarle protección para la nación que acababa de nacer. Desde ese momento, a esta imagen se la conoce como Nuestra Señora de los Treinta y Tres. Uno de los detalles que más llaman la atención en la imagen es su corona, excesivamente grande para el tamaño de la talla y que fue regalada por el segundo jefe de los 33 hombres que libertaron Uruguay.

Oración

Santísima Virgen María, ante cuya imagen inclinaron su bandera y doblaron reverentes su rodilla los fundadores de nuestra Patria. Protege siempre a este pueblo nacido a tu sombra bienhechora. Haz ¡Oh Madre! que en nuestros hogares florezcan la religión y todas las virtudes cristianas. Haz que veamos el reinado de Cristo, que es el de la verdad y la justicia [...].

Nuestra Señora de la Divina Providencia

Patrona de Puerto Rico
Fiesta el 19 de noviembre

El culto de Nuestra Señora de la Providencia es originario de Italia y data del siglo XIII. En sus orígenes tuvo una gran difusión en la península y, más tarde, pasó a España arraigando especialmente en Tarragona, donde se le levantó un santuario, y en Cataluña en general. La imagen con la que se comenzó esta advocación es un hermoso cuadro al óleo que muestra a la Virgen acogiendo a un Niño Jesús dormido en su regazo. La historia cuenta que el nombre de Divina Providencia se debe a que cierto día el quinto superior de la congregación Siervos de María invocó su protección porque no tenía nada para alimentar a los frailes. Entonces encontró en la puerta del convento dos cestos repletos de alimentos cuya procedencia nunca se pudo averiguar.

Cuando el catalán Gil Estévez y Tomás fue nombrado Obispo de Puerto Rico, puso en manos de María su diócesis ya que al llegar a ella se encontró con que la catedral estaba prácticamente en ruinas y la diócesis arruinada. La Virgen no desoyó sus súplicas pues, antes de que pasaran cinco años, ya había podido reconstruir la catedral. En agradecimiento y para completar la obra, mandó tallar en Barcelona una imagen de la Divina Providencia. En 1969, el Papa Pablo VI la declaró Patrona de Puerto Rico, estableciendo para su fiesta el 19 de noviembre, día que Cristóbal Colón llegó a la isla.

Oración

Bendita sea tu pureza y eternamente lo sea,
pues todo un Dios se recrea en tu preciosa belleza.
A ti, celestial princesa, Virgen Sagrada María,
yo te ofrezco en este día mi alma, vida, y corazón [...].

Santísima Virgen del Quinche

Patrona de Ecuador
Fiesta el 21 de noviembre

Entre las montañas andinas se alza la iglesia de Oyacachi, donde originalmente se situó la talla de madera de la Patrona de Ecuador, donada por el escultor Don Diego de Robles. La imagen, una fina talla en madera de cedro fue cubierta por un ropaje de brocado cubierto de gemas, y bordado con hilos de oro y plata que sólo dejan ver su rostro. La Virgen lleva un cetro en la mano derecha y con la izquierda sostiene el Niño en actitud de bendecir, mientras sostiene una esfera de oro coronada por una cruz. Situada en el altarcito incrustado en la roca, derramaba sobre el pueblo sus bendiciones y, a altas horas de la noche, la Santísima Virgen recorría los exteriores del templo iluminada por un resplandor extraordinario, y volvía de nuevo al altar. Todos oían el trinar de aves desconocidas sobre la iglesia y el altar de la sagrada Imagen o el tañir de la campana, como un lamento anunciador de la cercana muerte de algún indio.

Poco a poco, su fama se extendió y, a pesar de las dificultades del camino, comerciantes y peregrinos se postraban ante ella, implorando su amparo y protección.. El Obispo Fray Luis López de Solís, atraído por la fama del Santuario, llegó después de grandes penalidades a Oyacachi. Durante algunos días ofició en el modesto templo y poco tiempo después autorizó su traslado a El Quinche. Tras casi trece años en Oyacachi, el 10 de marzo de 1604, fue llevada la milagrosa efigie hasta el altar principal de la Iglesia de El Quinche y el Obispo López de Solís le otorgó el nombre que hace referencia a su nueva ubicación, Nuestra Señora de la presentación de El Quinche. Desde entonces la venerada Imagen, llamada Virgen de Oyacachi y por algunos también, Virgen de la Peña, es la que hoy se conoce con el nombre de la Santísima Virgen de El Quinche, y a su Santuario acuden miles de personas en peregrinación para celebrar su fiesta el 21 de noviembre.

Oración

Contigo voy Virgen pura y en tu poder voy confiado
pues yendo de ti amparado mi alma estará tranquila.
Dulce Madre no te alejes, tu vista de mí no apartes, ven conmigo
a todas partes y nunca solo me dejes.
Y ya que nos proteges tanto como verdadera Madre
haz que nos bendiga El Padre, Hijo y el Espíritu Santo.

Nuestra Señora de Lavang

Patrona de Vietnam
Fiesta el 22 de noviembre

Vietnam es un país que tiene una larga y triste historia de persecución al catolicismo. En el siglo XVIII el rey Quang Trung llegó al trono tras liderar con sus hermanos una larga insurrección; a su muerte le sucedió su hijo, Canh Thinh. La familia Nguyen había reinado en el sur y Nguyen Anh, que escapó con vida,se refugió en la isla de Phu Quoc. Allí había un seminario para jóvenes extranjeros dirigido por Monseñor Pierre Pigneau de Behaine, quien recomendó a Phu Quoc que pidiera ayuda al rey Luis XVI de Francia. Estos hechos fueron conocidos por el monarca Canh Thinh por lo que el 17 de agosto de 1798 emitió un edicto en contra del catolicismo y ordenó destruir todos los seminarios e iglesias que había en el país. Con ello se inició una durísima persecución que duró hasta 1886.

El rey Nguyen Anh recuperó el trono. Pero muchos católicos buscaron refugio en las densas selvas de La Vang, exponiéndose al frío, al hambre, a las enfermedades y al ataque de las bestias salvajes. Formaban pequeñas comunidades que, por las noches, se reunían para orar. Cierto día, cuando el cielo ya estaba oscuro, se les apareció una Señora con un Niño en sus brazos, acompañada de dos ángeles. Les consoló, les fortaleció y les enseñó la forma de hervir ciertas plantas medicinales del lugar para curar enfermedades. Además les aseguró que Ella atendería todos sus ruegos. No fue su única aparición; Nuestra Señora fue vista por muchos fieles en ese lugar y, con el tiempo, allí se instaló una pequeña y humilde capilla. Las persecuciones se prolongaron durante casi 100 años. En 1886 se ordenó la construcción de una iglesia en Lavang, a la que acuden anualmente millares de peregrinos.

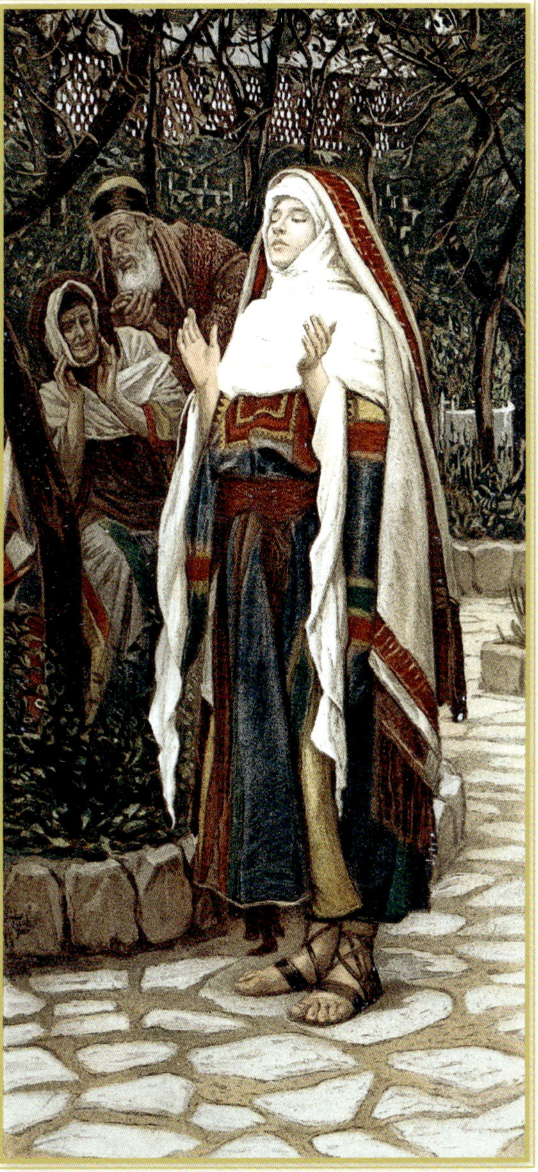

Oración

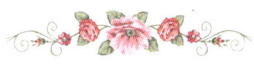

Santísima Señora
de Lavang eres mi
Madre y me
confortas, sobre todo
en tiempos de pruebas
e infelicidad. Entra en
mi corazón y quédate
conmigo donde quiera
que vaya. Haz que un
día, por tu
intervención, pueda
encontrar paz y
tranquilidad en la
casa de mi Padre.
Amén.

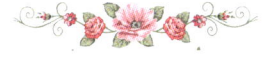

Virgen La Milagrosa

Patrona de Alange (Badajoz, España)
Fiesta el 27 de noviembre

Catalina Labouré era una humilde religiosa de la congregación de San Vicente de Paul que había quedado huérfana de madre. Su deseo era tomar los hábitos pero, como su hermana mayor había ingresado en el convento, tuvo que quedarse a cargo de la casa y los hermanos pequeños. Ella pedía al Señor que le concediera la gracia de servirle como religiosa y una noche soñó que un anciano sacerdote le decía: «Un día me ayudarás a cuidar a los enfermos». Tras cumplir 24 años su padre le dio permiso para visitar a su hermana religiosa y al entrar en el convento, vio el retrato de San Vicente de Paul, el mismo anciano que la había visitado en sueños. Desde ese día se propuso ser hermana vicentina y, al fin, lo logró.

Cierta noche vio en su dormitorio un hermoso niño que le invitaba a seguirle. Fue tras él y, en la capilla Nuestra Señora le dijo cosas que iban a suceder en la Iglesia. Sin embargo, la aparición más conocida fue la del 27 de noviembre de 1830. La Virgen estaba junto a un globo reluciente sobre el que había una cruz. Tras presentarse, abrió los brazos y Catalina vio que de sus dedos emanaban rayos luminosos. La Virgen dijo: «Este globo que has visto es el mundo entero donde viven mis hijos. Estos rayos luminosos son las gracias y bendiciones que yo expando sobre todos aquellos que me invocan como Madre. Me siento muy contenta al poder ayudar a los hijos que me imploran protección. ¡Pero hay tantos que no me invocan jamás!». Mientras leía estas palabras, Sor Catalina escuchó una voz que decía: «Hay que hacer una medalla semejante a esto que estas viendo. Todas las personas que la lleven, sentirán la protección de la Virgen». Tras esto, apareció una M con una cruz sobre ella y, debajo, los corazones de Jesús y de María. Tras acuñarse la medalla, los milagros empezaron a multiplicarse comprobándose que aquello que prometió la Virgen se cumplía.

Oración

Sed mi amparo, mi esperanza en esta ocasión; y ya que devotamente pende de mi cuello la Medalla Milagrosa, prenda inestimable de vuestro amor, concededme, Madre Inmaculada, concededme la gracia que con tanta insistencia os pido. Amén.

Inmaculada Concepción

Patrona de la Infantería española
Fiesta el 8 de diciembre

Muchos confunden el significado de esta advocación con la maternidad de Nuestra Señora, que se produjo sin intervención de varón alguno. Esta festividad se celebra por el hecho de que María fue virgen antes, durante y después del nacimiento de su Hijo. Durante la Guerra de Ochenta Años, en 1585, los católicos españoles que combatían contra Holanda se atrincheraron en la isla de Bommel situada entre los ríos Mosa y Vaal. En ella estaban los 5.000 hombres del Tercio del Maestre de Campo Francisco de Bobadilla cercados completamente por la armada del almirante Holak, en penosas condiciones ya que no tenían prácticamente víveres ni ropa seca.

El cerco se estrechaba día a día hasta que, finalmente, el enemigo les propuso rendirse; Francisco de Bobadilla contestó: «Los infantes españoles prefieren la muerte a la deshonra. Ya hablaremos de capitulación después de muertos». Ante esa respuesta, Holak mandó abrir los diques del Mosa para que las aguas inundaran el campamento del tercio. Cuando las aguas arrasaron la isla, solo quedó un pequeño monte en cuya cima se reunieron los soldados españoles y uno de ellos empezó a cavar, quizás para hacer su propia tumba. Entonces encontró una tabla flamenca que tenía pintada la imagen de la Inmaculada Concepción.

El Maestre Bobadilla, viendo en el hallazgo una muestra de protección divina, preguntó a sus hombres: «¡Soldados! El hambre y el frío nos llevan a la derrota, pero la Virgen Inmaculada viene a salvarnos. ¿Queréis que se quemen las banderas, que se inutilice la artillería y que abordemos esta noche las galeras enemigas?». Al amanecer del 8 de diciembre, los soldados españoles que habían cruzado el agua helada atacaron por sorpresa al enemigo logrando la victoria.

Oración

Santísima Virgen, yo creo y confieso vuestra Santa
e Inmaculada Concepción pura y sin mancha [...] Alcanzadme de vuestro amado
Hijo la humildad, la caridad, una gran pureza de corazón, de cuerpo y de espíritu [...].

Nuestra Señora de los Milagros de Caacupé

Patrona de Paraguay
Fiesta el 8 de diciembre

Cuenta la leyenda que el indígena cristiano guaraní José buscaba alimentos y madera en las selvas del valle Ytú, cuando fue rodeado por los Mbayaes, tribu que no aceptaba la fe cristiana. Se le apareció la Virgen María y le dijo: –Caaguy Cupe-pe (detrás de la hierba) para indicarle el refugio desde donde burlar a sus atacantes. El indio prometió tallar una imagen de la Virgen si salía ileso. Hizo dos tallas: una para sí y otra mayor que entregó a la Iglesia de Tobatí.

Durante una inundación, el padre Luis de Bolaños bendijo las aguas del lago de Ypacarai y sus aguas retrocedieron dejando al descubierto un maletín con la imagen tallada de la Virgen. Por eso se la llamó «la Virgen de los Milagros». El indio se estableció en ese valle y construyó un altarcito en su honor, donde acudían a orar de toda la región y en 1770 se establece en ese paraje la fundación de Caacupé.

La imagen de 50 centímetros, viste una túnica blanca y un manto azul celeste, bordados en hilos de oro. En 1945 comenzó la construcción del templo actual, que guarda la imagen de la Virgen de los Milagros de Caacupé y detrás del altar está la imagen de Nuestra Señora de Caacupé, a su derecha San José con el Niño y a la izquierda San Roque González de Santa Cruz. Se la conoce como «Nuestra Señora de los Milagros de Caacupé», «Virgencita de Caacupé», «Virgen de los Milagros de Caacupé», «Inmaculada Virgen Azul», «Patrona de Paraguay» o, sencillamente, «María de Caacupé». El 8 de diciembre se celebra su fiesta y los millares de peregrinos acuden al Santuario a demostrar su amor y gratitud a la Madre de todos, a la «Virgen Azul de Paraguay».

Oración

Santísima Madre de Dios y madre nuestra, desde vuestro Santuario de Caacupé
cubrid con vuestro manto protector a vuestros devotos y a todo el Paraguay.
Interceded por nuestros padres y bienhechores, por los desvalidos y todos los
necesitados de perdón y misericordia [...] A Dios pues, Madre querida,
clamamos para que nos obtengáis tan singular favor.

173

Virgen Desatanudos

Esta advocación de María está representada en una pintura cuyo origen se desconoce. La mayoría de los expertos opinan que la obra fue realizada alrededor del año 1700. En ella, la Virgen aparece como la Inmaculada Concepción y sobre Ella se observa la figura del Espíritu Santo que la inunda de luz.

La cabeza de Nuestra Señora está rodeada por 12 estrellas, que simbolizan los 12 dones que Dios le ha otorgado; su pie derecho, que reposa sobre la cabeza de una serpiente que está sobre una media luna, simboliza su triunfo sobre las maquinaciones del Demonio. Nuestra Señora está rodeada de ángeles, dos de los cuales están en primer plano. Uno de ellos le alcanza una cinta con nudos de diferentes tamaños que ella va desatando y el otro recoge el extremo del lazo que ya ha sido desanudado. Los nudos representan los pecados de los hombres y las dificultades que padecen así como la forma en que María ayuda, en ambos casos, a quienes acuden a ella con fe. En la zona inferior del cuadro hay una escena en la que se ve un ángel, un hombre y un perro que van camino de una iglesia situada en un alto.

El cuadro de la Virgen Desatanudos se encuentra en la iglesia San Peter am Perlach, en Augsburgo; pero a pesar de que Baviera es una zona de marcada tradición mariana, la advocación es poco conocida.

Oración

Santa María, consuelo de los afligidos,
ejemplo de sencillez y paciencia,
líbranos de las ataduras y confusiones
que entorpecen nuestra vida.
¡María, desatadora de todos los nudos,
ruega por nosotros!

Virgen de Loreto

Venerada en Italia y patrona de la aviación
Fiesta el 10 de diciembre

Tras la muerte de Nuestro Señor, aquellos lugares en los que había pasado parte de su vida se consideraron sagrados y los cristianos primitivos se reunían en ellos para celebrar la Santa Misa. Uno de estos lugares es lo que actualmente se conoce con el nombre de Santa Casa; la vivienda en la que Jesús pasó, junto a sus padres, los primeros 30 años de su vida, que está íntimamente ligada a la Virgen de Loreto. En 1291 los sarracenos conquistaron Tierra Santa y destruyeron todos los lugares sagrados a fin de acabar con el cristianismo y la Santa Casa.

La leyenda cuenta que en la noche del 12 de mayo de 1291 los ángeles trasladaron la vivienda a Tersatto, un pequeño poblado de Croacia. Cuando por la mañana entraron en ella, los vecinos vieron en su interior una pequeña imagen tallada en madera de cedro que mostraba a Nuestra Señora con el Niño Jesús en brazos. Días más tarde, la Virgen se apareció a un sacerdote del lugar y le explicó la procedencia de la casa. También le curó de un mal que le aquejaba desde hacía tiempo. El 10 de diciembre de 1294 la casa desapareció. Ese mismo día, en Loreto, Italia, unos pastores vieron sobre el mar una casa volando, sostenida por dos ángeles y con Nuestra Señora sentada en el techo. Los ángeles bajaron la construcción en un lugar llamado Banderuola. Allí iban muchos peregrinos, pero también asaltantes que les atacaban. Finalmente se trasladó, con la imagen dentro, como siempre, a un lugar situado en medio del camino. Allí está desde hace 700 años.

Oración

¡Oh misericordiosa Virgen de Loreto, abogada y protectora de los hogares! derrama sobre nosotros tu santísima bendición y aparta de nuestras almas y de nuestros hogares las divisiones, conflictos y tensiones entre los que en ellos habitan; alivia nuestras penas, enséñanos a vivir con armonía y haznos capaces de encontrar los recursos y saber construir con ellos un verdadero hogar [...].

Nuestra Señora de Guadalupe

Patrona de México y Extremadura (España)
Fiesta el 12 de diciembre y 8 de septiembre, respectivamente

GUADALUPE DE MÉXICO

Cuando solo había transcurrido una década de la conquista de México por parte de los españoles, el sábado 12 de diciembre de 1531, en la cumbre del cerro Tapeyec, la Virgen de Guadalupe se apareció a un indio azteca, hoy canonizado, llamado Juan Diego. Tratándolo amorosamente como su «hijo más pequeño», le dio el encargo de ver al obispo de la ciudad para pedirle que se levantara un santuario en la localidad. Juan Diego cumplió con este cometido, pero el obispo no le creyó.

Triste, el indio volvió a la cumbre del cerro Tapeyec y allí vio a la Virgen, que le estaba esperando. Con exquisita humildad, Juan Diego le explicó a Nuestra Señora que él era un hombre sencillo y que habría gente más importante que pudiera transmitir su deseo al obispo, pero Ella insistió en que fuera nuevamente a ver al obispo. Juan Diego así lo hizo al día siguiente pero monseñor, escéptico, le pidió alguna señal que confirmara que su relato era verídico.

El lunes el tío de Juan Diego enfermó, de modo que él no pudo acudir al lugar habitual de encuentro con la Virgen. Tuvo que trasladarse a la capital en busca de un sacerdote y, para no ser detenido en el camino, tomó un sendero que no pasaba por el cerro. Sin embargo, Ella volvió a aparecer y le aseguró que la enfermedad de su tío no era nada, que ya había sanado. También le ordenó subir a la cumbre del Tapeyec y que juntara las flores que ahí había y se las llevara. A pesar de que en lo más alto de ese cerro no había habitualmente flor alguna, Juan Diego subió y allí

encontró una gran cantidad de rosas en medio de la nieve. Las cortó, llenó con ellas su poncho y tras hacerlo se presentó María. Le explicó que las rosas constituían una señal para que el obispo le creyera. Nuevamente Juan Diego fue al palacio obispal y, cuando abrió su poncho y esparció las rosas, la imagen de Nuestra Señora quedó pintada en la tela. En los siete años que siguieron a estas apariciones se convirtieron al catolicismo ocho millones de nativos.

El nombre de Virgen de Guadalupe surge porque Ella, hablándole a Juan Diego en náhuatl, le dijo que era «Coatlallope» que, según algunos lingüistas quiere decir «la que aplasta la serpiente» y, según otros, «la que procede de la luz como el águila de fuego». Sin embargo, para los frailes que estaban catequizando en la zona, Coatlallope fue interpretado como Guadalupe, una advocación muy venerada también en Extremadura.

Guadalupe de Extremadura (España)

La historia de esta advocación tiene dos partes bien diferenciadas. La primera atribuye la autoría de la imagen a San Lucas que fue enterrado con ella en Asia Menor. De ahí, la imagen de la Virgen fue a Constantinopla y, en tiempos del Papa Gregorio Magno, a Roma. Durante una terrible epidemia fue llevada en procesión por las calles y los romanos pudieron constatar que la epidemia cesaba y que un ángel, situado sobre el castillo de Sant Ángelo, limpiaba su espada cubierta de sangre. La imagen fue cedida a San Leandro y trasladada a Sevilla; allí el santo la entronizó en la iglesia principal donde estuvo hasta la invasión árabe. Su culto fue decayendo durante varios siglos hasta que, a finales del siglo XIII apareció milagrosamente.

Un pastor de vacas vecino de Cáceres se encontraba pastando y, al hacer un recuento de su rebaño, advirtió que le faltaba un animal. Partió en su búsqueda y, al llegar a un río escondido, encontró al animal muerto pero intacto. Apareció la Virgen y le dijo: «No temas porque yo soy la Madre de Dios, Salvador del linaje humano; toma tu vaca y llévala con las otras, y vete luego para tu tierra, y dirás a los clérigos lo que has visto».

El pastor, tras escuchar las palabras de la Virgen, marchó a la ciudad para contar a los habitantes lo que le había sucedido y para transmitir el deseo de María; pero al llegar a su casa, encontró a su mujer llorando porque su hijo acababa de fallecer. Conmovido, él le dijo que no se afligiera, que iba a pedir auxilio a Nuestra Señora. Así lo hizo y el niño volvió a la vida. Acompañado por los clérigos del lugar, el vaquero se dirigió al lugar señalado y, tras excavar en la roca, encontraron la imagen de Nuestra Señora, acompañada de algunos objetos y documentos que atestiguaban su antigüedad. El hecho milagroso no tardó en difundirse por toda la ciudad; la capilla fue construida y se convirtió en un lugar de peregrinación. El rey Alfonso XI ordenó que la iglesia se ensanchara y que se edificaran en su entorno hospitales y albergues para los peregrinos.

Oración

Madre Santísima de Guadalupe, Madre de Jesús, condúcenos hacia tu Divino Hijo
por el camino del Evangelio, para que nuestra vida sea el cumplimiento generoso de la
voluntad de Dios. Condúcenos a Jesús, que se nos manifiesta y se nos da en la
Palabra revelada y en el Pan de la Eucaristía. Danos una fe firme, una esperanza
sobrenatural, una caridad ardiente y una fidelidad viva
a nuestra vocación de bautizados [...].

María Santísima de la Esperanza Macarena de Sevilla

Venerada en Sevilla (España)
Fiesta el 18 de diciembre

Esta advocación nace en Sevilla, España, junto al arco Macarena de la muralla que en el siglo XVII protegía la ciudad y del cual toma su nombre. Algunos historiadores afirman que, a partir del siglo XVI, la iglesia ordenó suprimir todas las imágenes de Nuestra Señora en espera del parto, muy difundida anteriormente como Nuestra Señora de la Esperanza o Expectación cuya fiesta se celebra el 18 de diciembre, una semana antes de la Natividad del Señor. Sin embargo, tanto las representaciones de esta advocación como las de la Virgen amamantando al Niño siguieron siendo muy populares ya que en la Maternidad se anuncia la salvación del mundo y el milagro por el cual María acoge al Verbo en su vientre.

La Cofradía de la Esperanza de la Macarena fue fundada a finales del siglo XVI, pero la talla (de autor desconocido aunque se especulan los nombres de varios escultores) es de finales del siglo XVII. En su pecho la imagen tiene siete esmeraldas representando los siete dolores de la Virgen, donadas por uno de los cofrades y benefactores, el torero José Gómez Ortega, conocido como Gallito. De hecho, cuando él murió en la plaza, la Macarena, como es conocida popularmente, vistió por primera y única vez de negro.

Oración

Santa María de la Esperanza, a Ti acudimos porque en Ti confiamos.
Vuelve tus ojos de Madre Misericordiosa sobre todas nuestras familias.
Que resplandezca en ellas el amor sincero, se vean respetadas en sus derechos, y
cumplan fielmente sus obligaciones cristianas [...].

ÍNDICE

Nuestra Señora de Alta Gracia (21 de enero) 58

Virgen de Coromoto
(2 de febrero y 8 y 11 de septiembre) 60

Virgen de la Candelaria (2 de febrero) 62

Virgen de Copacabana de Bolivia, Virgen de la Candelaria
o Nuestra Señora de Copacabana (2 de febrero
y 5 de agosto) 64

Nuestra Señora de Lourdes (11 de febrero) 66

Nuestra Señora de Todos los Pueblos y
Todas las Naciones (11 de febrero) 68

Santa María de Nicula (15 de febrero) 70

Virgen de Montserrat (27 de abril) 72

Nuestra Señora Divina Pastora
(segundo domingo después de Pascua) 74

Nuestra Señora de la Paz y del Buen Viaje de Antipolo
(30 abril-1 mayo) 76

Nuestra Señora del Líbano (primer domingo de mayo) 78

Virgen de Luján (8 de mayo) 80

Virgen de los Desamparados
(segundo domingo de mayo) 82

Nuestra Señora de Fátima (13 de mayo) 84

Nuestra Señora de Brezje (24 de mayo) 86

Virgen del Rocío (lunes siguiente al domingo
de Pentecostés) 88

Virgen de la Capilla (noche del 10 al 11 de junio) 90

Virgen de Medjugorje (25 de junio) 92

Nuestra Señora del Perpetuo Socorro (27 de junio) 94

Nuestra Señora de Naju (30 de junio) 96

Virgen de Kazán (8 de julio) 98

Nuestra Señora del Carmen de Maipú (16 de julio) 100

Nuestra Señora de Aylesford (16 de julio) 102

Virgen de Berdychiv (16 de julio) 104

Virgen del Carmen (16 de julio) 106

Nuestra Señora de los Ángeles (2 de agosto) 108

Nuestra Señora de África (5 de agosto) 110

Nuestra Señora de la Asunción de Gozo (15 de agosto) 112

Nuestra Señora de la Asunción de Hostyn
(15 de agosto) 114

Virgen María de Egipto (15 de agosto) 116

Nuestra Señora de Beauraing o Virgen del
Corazón de Oro (22 de agosto) 118

Inmaculado Corazón de María (22 de agosto) 120

Virgen de Torreciudad (domingo posterior
a la Asunción de la Virgen) 122

Madre de Dios de Czestochowska (26 de agosto) 124

Virgen de las Lágrimas de Siracusa (31 de agosto) 126

Madre de la Buena Salud (8 de septiembre) 128

Madre de Dios de la Misericordia (8 de septiembre) 130

Nuestra Señora de Covadonga (8 de septiembre) 132

Nuestra Señora de la Caridad del Cobre
(8 de septiembre) 134

Nuestra Señora de la Franqueira (8 de septiembre) 136

Nuestra Señora de la Victoria (8 de septiembre) 138

Nuestra Señora de Nuria (8 de septiembre) 140

Virgen de la Salud de Xirivella (8 de septiembre) 142

Nuestra Señora de Aranzazu (9 de septiembre) 144

Nuestra Señora de los Dolores (15 de septiembre) 146

Nuestra Señora de la Merced (24 de septiembre) 148

Nuestra Señora de Walsingham (24 de septiembre) 150

Nuestra Señora del Rosario (7 de octubre) 152

Nuestra Señora del Pilar (12 de octubre) 154

Virgen de Schoenstatt
(18 de octubre) 156

Santa María de la Real de la Almudena
(9 de noviembre) 158

Nuestra Señora de los Treinta y Tres
(segundo domingo de noviembre) 160

Nuestra Señora de la Divina Providencia
(19 de noviembre) 162

Santísima Virgen del Quinche
(21 de noviembre) 164

Nuestra Señora de Lavang (22 de noviembre) 166

Virgen La Milagrosa (27 de noviembre) 168

Inmaculada Concepción (8 de diciembre) 170

Nuestra Señora de los Milagros de Caacupé
(8 de diciembre) 172

Virgen Desatanudos (8 de diciembre) 174

Virgen de Loreto (10 de diciembre) 176

Nuestra Señora de Guadalupe (12 de diciembre
y 8 de septiembre) 178

María Santísima de la Esperanza Macarena de Sevilla
(18 de diciembre) 182